Der Bierlieferungsvertrag

insbesondere bei Verbindung mit dem Darlehensvertrag

unter eingehender Berücksichtigung der Rechtsprechung.

Von

Dr. Ernst Dispeker,

Rechtsanwalt in München.

1913.

München, Berlin und Leipzig.

J. Schweitzer Verlag (Arthur Sellier).

Druck: Dr. F. P. Datterer & Cie., (Inh. Arthur Sellier) München und Freising.

Inhalts-Verzeichnis.

Literatur-Verzeichnis.

A. Kommentare:

Staudinger, Bürgerliches Gesetzbuch, 7. und 8. Aufl.
Planck, Bürgerliches Gesetzbuch, 3. Aufl.
Kommentar der Reichsgerichtsräte (RGRKomm.). Nürnberg 1910.
Oertmann, Das Recht der Schuldverhältnisse. 3. und 4. Aufl.
Staub, Handelsgesetzbuch. 8. Aufl.
Düringer-Hachenburg, Handelsgesetzbuch. 2. Aufl.
Reger-Stöhsel, Gewerbeordnung. 5. Aufl.
Landmann, Gewerbeordnung. 6. Aufl.
Henle-Schneider, Ausführungsgesetz zum BGB. 2. Aufl.

B. Lehrbücher:

Crome, System des deutschen bürgerlichen Rechts, Recht der Schuldverhältnisse. 1912.
Dernburg, Das bürgerliche Recht des Deutschen Reichs und Preußens. 1. Bd. 1906, 2. Bd. 1905/06.
Endemann, Lehrbuch des bürgerlichen Rechts. 8. Aufl. 1903.
Enneccerus-Kipp, Lehrbuch des bürgerlichen Rechts. Bd. 1, 1911.
Oertmann, Das bayerische Landesprivatrecht (LPR.). Halle 1903.

C. Monographien und Aufsätze:

Ehrenbacher, Der bayer. Bierlieferungsvertrag. Dissertation. Erlangen 1903.
Pohl, Die juristische Natur des Bierlieferungsvertrags. Dissertation. Bonn 1904.
Oetker, Die juristische Natur und die Rechtsfolgen der schuldhaften Verletzungen des Bierlieferungsvertrags nach Reichsrecht. Dissertation. Rostock 1906.
Schulze-Besse, Der Bierlieferungsvertrag. Berlin 1908.
Ueckermann, Der Bierlieferungsvertrag nach heutigem Reichsrecht unter Vergleich mit dem bayerischen Landesrecht. Dissertation. Heidelberg 1908.
Schülein, Der Bierlieferungsvertrag in Bayern. Dissertation. Würzburg 1910.
Kohler, Bezugsvertrag und § 138 BGB Archiv für bürgerliches Recht Bd. 31 S. 237 ff.
Höniger, Vorstudien zum Problem der gemischten Verträge. Freiburg 1906.
Höniger, Gemischte Verträge in ihrer Grundform. Mannheim u. Leipzig 1910.
Cäsar, Die rechtliche Natur des Ratenlieferungsgeschäfts. Holdheim Bd. 10 S. 31 ff.

D. Zeitschriften und Entscheidungssammlungen:

Entscheidungen des Reichsgerichts in Zivilsachen (RG.) Bd. 50—80.
Entscheidungen des bayer. Obersten Landesgerichts in Zivilsachen (ObLG.) alte Folge und neue Folge Bd. 1—13.

Neumann, Jahrbuch des deutschen Rechts.
Juristische Wochenschrift 1900 ff. (JW.).
Deutsche Juristenzeitung 1900 ff. (DJZ.).
Das Recht, Rundschau für den deutschen Juristenstand (Recht).
Mugdan-Falkmann, Rechtsprechung der Oberlandesgerichte auf dem Gebiete des Zivilrechts. Bd. 1 ff. (OLGRspr.).
J. A. Seufferts Blätter für Rechtsanwendung 1900 ff. (BlfRA.).
Zeitschrift für Rechtspflege in Bayern. Bd. 1 ff. (BayZfR.).
Gruchots Beiträge zur Erläuterung des deutschen Rechts (Gruchot).
Seufferts Archiv (SeuffA.).
Leipziger Zeitschrift für Handels,- Konkurs- und Versicherungsrecht 1906 ff. (LZ.).
Holdheims Monatsschrift für Handelsrecht 1900 ff. (Holdheim).
Puchelts Zeitschrift für deutsches bürgerliches Recht und französisches Recht 1900—1906 (Puchelt).
Jahrbuch für Württembergische Rechtspflege 1902 ff. (WürttJ.).
Badische Rechtspraxis 1900 ff. (BadRpr.).
Sächsisches Archiv für Rechtspflege 1906 ff.
Juristische Zeitschrift des Reichslandes Elsaß-Lothringen 1900 ff. (ElsLothZ.)
Brauerei- und Hopfenzeitung. Nürnberg 1903 ff.

Einleitung.

Die vorliegende Arbeit gibt keine systematische und erschöpfende Darstellung des Bierlieferungsvertrages, obwohl eine solche trotz der vorhandenen Monographien einem Bedürfnis der Praxis entgegenkommen würde. Allein ein derartiges Unternehmen würde, wenn es seinen Zweck erfüllen soll, schon dem Umfang nach erheblich über den Rahmen hinausgehen müssen, welcher dieser Arbeit gesteckt ist. Der Verfasser konnte daher aus dem Rechte des Bierlieferungsvertrages nur eine Anzahl von Fragen herausgreifen, die entweder in besonderem Maße die Rechtsprechung beschäftigen oder aus sonstigen Gründen einer Erörterung bedürftig erscheinen. Es ist nicht zu verkennen, daß diese Art der Stoffbehandlung der Übersichtlichkeit und Geschlossenheit der Arbeit nicht förderlich gewesen ist. Allein die daraus sich ergebenden Bedenken mußten zurücktreten hinter dem Wunsch, die einzelnen Fragen eingehender zu behandeln und die Wiederholung selbstverständlicher oder oft und eingehend erörterter Dinge tunlichst zu vermeiden.

Die Rechtsprechung der Obergerichte seit Einführung des BGB. wurde in erheblich weiterem Umfang herangezogen, als dies in den bisherigen Darstellungen des Bierlieferungsvertrages geschehen ist. Doch wurden nur solche Sammlungen verwertet, welche dem Richter oder Anwalt leicht zugänglich zu sein pflegen. Entscheidungen von Untergerichten wurden nur ausnahmsweise, ungedruckte Entscheidungen überhaupt nicht berücksichtigt. Von der Fachpresse wurde die Brauerei- und Hopfenzeitung herangezogen, doch wurden die hier abgedruckten zahlreichen Entscheidungen nur mit der Auswahl und Vorsicht benützt, welche durch die oft unvollständige und unzuverlässige Zitierung von Urteilen in der Tagespresse geboten ist.

Die in den offiziellen Sammlungen abgedruckten Entscheidungen wurden ausschließlich nach diesen zitiert, die übrigen Entscheidungen nach der Sammlung oder Zeitschrift, in der sie am ausführlichsten wiedergegeben sind.

I. Begriffsbestimmung; rechtliche Natur; Vertragspflichten und deren Verletzung.

§ 1. Begriffsbestimmung.

An die Spitze einer Abhandlung über das Recht des Bierlieferungsvertrages ist eine Erörterung der Frage zu stellen, was eigentlich unter einem derartigen Vertrag zu verstehen ist. Eine Begriffsbestimmung des Bierlieferungsvertrages ist denn auch in allen vorliegenden Monographien und Aufsätzen über diese Materie gegeben,[1]) jedoch stets ohne nähere Begründung. Eine solche ist jedoch keineswegs überflüssig, denn schon im Zusammenhang mit der Definition des Bierlieferungsvertrages tauchen mancherlei Zweifelsfragen auf, deren Beantwortung auch für die praktische Ausgestaltung des Vertrages von Bedeutung ist.

Wenn in Verträgen oder Entscheidungen vom Bierlieferungsvertrag die Rede ist, so wird darunter keinesfalls, wie man zunächst vermuten würde, der Vertrag verstanden, durch welchen sich ein Brauer oder ein sonstiger Verkäufer von Bier verpflichtet, an einen Abnehmer eine bestimmte Menge Bier zu liefern, während sich der Käufer verpflichtet, das Bier abzunehmen und zu bezahlen. Solche Verträge werden zweifellos in der Praxis häufig geschlossen, sie weisen jedoch gegenüber sonstigen Kaufverträgen keine Besonderheiten auf und finden sich gerade dann, wenn ein Bierlieferungsvertrag in dem Sinne, wie wir ihn hier zu betrachten haben, nicht abgeschlossen worden ist.[2])

Der wesentlichste Bestandteil des Vertrages, den man gemeinhin als Bierlieferungsvertrag bezeichnet, ist nämlich nicht die Verpflichtung des Brauers oder sonstigen Verkäufers zur Lieferung von Bier, sondern die Verpflichtung des Wirtes oder sonstigen Abnehmers, während einer bestimmten oder wenigstens bestimmbaren Zeit seinen Bedarf an Bier von einer bestimmten Brauerei zu beziehen. Es gibt eine große Anzahl notarieller Verträge, in denen vom Bierlieferungsvertrag nur dieser, für die wirtschaftlichen Beziehungen der Parteien wichtigste Teil, zusammen mit anderen Verträgen beurkundet wird, und von mancher Seite wird sogar

---

[1]) Pohl S. 10 und 12, Ehrenbacher § 6 S. 17, Oertmann § 49 S. 194, Schulze-Besse S. 5, Oetker S. 9, Ueckermann S. 3, Schülein S. 3.

[2]) Ehrenbacher S. 14, Schülein S. 4, Fischer-Henle Art. 13 Abs. 2.

behauptet, daß der Abschluß eines Bierlieferungsvertrags überhaupt eine Verpflichtung des Brauers zur Bierlieferung nach dem Willen der Parteien nicht begründet. Es handelt sich beim Bierlieferungsvertrag eben um einen sogenannten Bezugsvertrag, d. h. um einen Vertrag, durch den sich ein Einzelkäufer verpflichtet, allen Bedarf einer bestimmten Ware seines Geschäftes von einem bestimmten Produzenten oder Großhändler ausschließlich zu beziehen.[1] Aus dieser Erkenntnis heraus gebraucht die Praxis sehr häufig statt des Ausdrucks „Bierlieferungsvertrag" die Bezeichnung „Bierbezugsvertrag" oder „Bierabnahmevertrag".

Gehört zu den wesentlichen Bestandteilen des Bierlieferungsvertrags die Bezugspflicht des Wirtes, so ist es nicht zweckmäßig, die Begriffsbestimmung desselben so zu fassen, daß diese Bezugspflicht nicht ausdrücklich erwähnt wird.[2] Aber auch die Definition ist nicht richtig, welche den Bierlieferungsvertrag als den Vertrag bestimmt, durch den sich der Brauer usw. verpflichtet, an den Abnehmer die jeweils verlangte Menge Bier zu liefern, der andere Teil sich verpflichtet den vereinbarten Preis zu bezahlen und das Bier in Höhe des jeweils irgendwie bestimmten Bedarfs abzunehmen.[3] Denn durch diese wird der Irrtum erweckt, als ob die Bezugspflicht des Wirtes, sei es allein,[4] sei es in Verbindung mit der Zahlung des Bierpreises,[5] die Gegenleistung sei, welche der Abnehmer gegenüber der Lieferung des Bieres übernimmt. Davon kann keine Rede sein. Die Gegenleistung für die einzelnen Bierlieferungen besteht ausschließlich in deren Kaufpreis. Die vom Wirt vertragsmäßig übernommene Abnahmepflicht ist nur eine einmalige Leistung, der nicht die einzelnen Bierlieferungen, sondern die Übernahme der Bierlieferungspflicht im ganzen auf Seite des Brauers gegenübersteht. Ob diese Lieferungspflicht des Brauers gegenüber der Abnahmepflicht des Wirtes, welch letztere in ihrem wirtschaftlichen Wert höher ist als die Summe der Kaufpreise für die einzelnen Lieferungen, die einzige Gegenleistung des Brauers ist, oder ob dazu im einzelnen Falle noch andere Gegenleistungen treten, ist eine Frage, die später noch ausführlicher zu erörtern ist.

Allein wenn auch die Abnahmepflicht des Wirtes als solche nicht die Gegenleistung für die Bierlieferungen darstellt, erscheint es doch irrig, diese Verpflichtung überhaupt in eine Begriffsbestimmung nicht aufzunehmen, wie dies das bayrische oberste Landesgericht versucht hat.[6] Hier wird der „Bierlieferungs- oder Bierabnahmevertrag" als der Vertrag bezeichnet, durch den sich ein

---

1) Kohler, Bezugsvertrag und § 138 BGB., ArchBürgR. Bd. 31 S. 237.
2) So Schülein S. 3.
3) Ueckermann S. 3.
4) So Oetker S. 9.
5) Ueckermann a. a. O.
6) ObLG. IX, 229 und 297.

Wirt einem Bierbrauer gegenüber verpflichtet, während einer bestimmten Zeitdauer seinen gesamten Bierbedarf von diesem zu beziehen, und neben diesen „allgemeinen" Bierlieferungsvertrag, in dem von Bierlieferung überhaupt keine Rede ist, wird ein „besonderer" Bierlieferungsvertrag gestellt, der wieder über die zu liefernde Menge, also über einen wichtigen Punkt des Vertrags, nichts enthält. Diese etwas gekünstelte Zweiteilung des Bierlieferungsvertrags erklärt sich wohl daraus, daß bei der meist erforderlichen notariellen Beurkundung der Verträge, welche mit den Bierlieferungsverträgen zusammengekoppelt zu sein pflegen, gewöhnlich, wie schon erwähnt, nicht der ganze Bierlieferungsvertrag, sondern nur die Bezugspflicht des Wirtes beurkundet wird, während der ganze Bierlieferungsvertrag mit seinen übrigen Bestimmungen entweder mündlich oder schriftlich besonders vereinbart wird. Da aber, wie das oberste Landesgericht selbst zugibt, keiner dieser Verträge für sich allein bestehen kann, sondern jeder der Ergänzung durch den andern bedarf, so wird man wohl das Vorliegen eines einzigen Vertrages annehmen müssen.

Nun fragt sich aber, welche Bedeutung die Abnahmepflicht des Wirtes innerhalb des Bierlieferungsvertrages hat. Die Antwort lautet einfach dahin, sie bestimmt den Gegenstand des Vertrages, nämlich die Menge des zu liefernden Bieres. Wie derjenige, der 1000 hl Bier gekauft hat, verpflichtet ist, diese 1000 hl zu bezahlen und abzunehmen, so ist derjenige, der sich verpflichtet hat, den gesamten Bierbedarf seiner Wirtschaft abzunehmen, eben verpflichtet, diese Menge abzunehmen und und zu bezahlen. Die Menge des vertragsmäßig zu liefernden und abzunehmenden Bieres ist danach zwar nicht ziffernmäßig bestimmt,[1]) aber doch nach objektiven Merkmalen bestimmbar. Der Gegenstand des Vertrages ist nämlich der gesamte Bierbedarf, der sich in dem Wirtschaftsbetrieb des Bezugspflichtigen während der Vertragszeit in den dem Vertrag unterworfenen Biersorten ergibt und zwar der normale, nach dem Gesichtspunkt eines anständigen und rechtlichen Kaufmanns zu berechnende Bedarf.[2]) Dieser Bedarf läßt sich nicht nur im einzelnen Falle sehr wohl ermitteln, sondern er ist sogar in den meisten Fällen auf Grund der vorhandenen Geschäftsbücher im vornherein ziffernmäßig ziemlich genau festzustellen, wobei sich natürlich gewisse Schwankungen ergeben können. Jedenfalls aber ist die Meinung unrichtig, als ob der Bierbedarf der Wirtschaft eine vollständig unsichere und nicht zu ermittelnde Größe sei. Wenn dies z. B. Zander[3]) annimmt, so gilt dies höchstens in dem Sinne, daß bei einem Kauf auf Abruf nach Bedarf, bei dem die abzunehmende Gesamtmenge feststeht, der wirkliche Bedarf für den Ein-

[1]) Nur so ist Art. 13 Abs. 1 (bayr. AG. BGB.) gemeint.

[2]) Staub, Erk. § 373[35], Cäsar, Holdheim Bd. 10 S. 35, Staudinger § 533, V, 1, i.

[3]) Gruchot Bd. 52 S. 30.

zelabruf meist nicht genau festgestellt werden kann und braucht. Dagegen ist der Gesamtbedarf während einer bestimmten Zeit sehr wohl feststellbar und wird auch nicht nach § 315 BGB. durch einen Vertragsschließenden,[1]) sondern durch objektive Merkmale bestimmt.

Die Menge des zu liefernden Bieres ist also durch den Abschluß des Bierlieferungsvertrags ausreichend bestimmbar angegeben.[2])

Unter Bierlieferungsvertrag ist sohin im Anschluß an Schulze-Besse[3]) der Vertrag zu verstehen, durch welchen sich ein Bierabnehmer gegenüber einem Bierlieferanten verpflichtet, auf bestimmte Zeit seinen Gesamtbedarf an Bier oder einen Teil desselben von diesem zu bestimmten Bedingungen zu beziehen, der Bierlieferant aber sich verpflichtet, das Bier zu diesen Bedingungen zu liefern. Diese Begriffsbestimmung gilt auch für den bayrischen Bierlieferungsvertrag mit der Maßgabe, daß die auf Grund des Art. 18 EG. HGB. erlassenen Bestimmungen der Art. 13, 14 AG. BGB. nur dann angewendet werden können, wenn es sich um einen Vertrag zwischen einem Brauer und einem Wirt handelt.[4])

§ 2. Zur rechtlichen Natur.

Bei Bestimmung der rechtlichen Natur des Bierlieferungsvertrages herrschte von Anfang an Übereinstimmung dahin, daß es sich um einen formlosen, gegenseitigen Konsensualvertrag des bürgerlichen Rechtes handelt, auf welchen die allgemeinen Bestimmungen des BGB. über gegenseitige Verträge Anwendung zu finden haben. Dagegen bestanden im übrigen einige Zweifel, die aber inzwischen durch Literatur und Praxis behoben erscheinen und daher nur im Vorübergehen kurz erwähnt werden sollen.

In erster Linie herrscht ziemliche Einmütigkeit darüber, daß es sich beim Bierlieferungsvertrag nicht um einen bloßen Vorvertrag handelt, der auf Abschluß eines oder einer Reihe von anderen Verträgen gerichtet ist,[5]) sondern um einen Hauptvertrag, aus dem unmittelbar auf Erfüllung der im Vertrage ausbedungenen Leistungen und Verpflichtungen geklagt werden kann.[6]) Immerhin soll darauf hingewiesen werden, daß das Reichsgericht neuerdings in einem ähnlich gelagerten Fall, in dem sich ein Blumenhändler

---

[1]) OLG. Rspr. Bd. 24 S. 290.

[2]) Dernburg II § 85 S. 205, Oertmann, LPR. S. 197.

[3]) S. 2, ähnlich auch Cäsar a. a. O. S. 34.

[4]) Henle Art. 13 Abs. 1. In den folgenden Ausführungen wird der Einfachheit halber stets nur von Brauer und Wirt gesprochen, wobei aber stets im Auge zu behalten ist, daß nach Reichsrecht auch andere Personen als Vertragsteile in Frage kommen können. (Bierverleger usw.)

[5]) Staub, Exk. § 361[87].

[6]) Staub, Exk. § 346[10], Pohl S. 17 ff., Ehrenbacher S. 21 ff., Schulze S. 12, Oetker S. 13, Ueckermann S. 5, Schülein S. 7, Oertmann, LPR. S. 197, Cäsar S. 34 (s. a. LG. München II, ObLG. I, 601.).

verpflichtete, von einer Kunstgärtnerei seinen Bedarf an Blumen und Pflanzen zu decken, wieder einen Vorvertrag angenommen hat.[1]) Allein angesichts des Umstandes, daß es sich hier überhaupt um keinen festen Verkauf bestimmter Waren handelte, wird man dieser Entscheidung gegenüber der wohlbegründeten Ablehnung der Annahme eines Vorvertrags beim Bierlieferungsvertrag ein Gewicht nicht beimessen können.

Positiv ist der Bierlieferungsvertrag Gattungskauf,[2]) und zwar ein echter Sukzessivlieferungsvertrag. Daß das zu liefernde Bier „Gattung" und nicht „Spezies" ist, und zwar auch dann, wenn nur Bier aus der Brauerei des vertragschließenden Brauers geliefert werden darf, ist nicht zweifelhaft, da zwar die ganze Produktion des Brauers eine Spezies ist, die einzelnen Teile der Produktion aber unter sich vertretbare Sachen darstellen.[3]) Es handelt sich hier um eine sogenannte begrenzte Gattungsschuld.[4]) Als Gattung ist also nicht das Bier an sich, sondern nur die bestimmte Sorte einer bestimmten Brauerei zu verstehen.[5])

Der Bierlieferungsvertrag ist ein reiner Sukzessivlieferungsvertrag.[6]) Darunter versteht man einen einheitlichen Kaufvertrag über die ratenweise Lieferung der Gattung nach bestimmter Sachen.[7]) Alle diese Voraussetzungen liegen beim Bierlieferungsvertrag vor. Es handelt sich, wie wir gesehen haben, um einen einheitlichen Kaufvertrag über Gattungssachen und die Erfüllung dieses Vertrages hat nach der Natur desselben auf Grund wiederholter Einzelbestellungen und Einzelerfüllungen ratenweise zu erfolgen. Die Anzahl der Raten ist zwar nicht wie Oetker[8]) annimmt, im vornherein fest bestimmt,[9]) sondern sie ergibt sich erst nach Maßgabe des Bedarfs des Wirtes auf dessen Bestellung. Diese Bestellung ist aber keine Eigentümlichkeit des Bierlieferungsvertrages, sondern nichts anderes als der bei Sukzessivlieferungsverträgen häufig vorkommende Abruf, wie ihn Staub in Verbindung mit der Definition des Sukzessivlieferungstrags ausdrücklich erwähnt.[10]) Die Abrede „auf Abruf" will sagen, daß der Käufer berechtigt ist, dem Verkäufer den Zeitpunkt der Lieferung, sei es der ganzen abzunehmenden Menge, sei es beim

---

1) RG. 78, 385.

2) Darüber, daß kein Werklieferungsvertrag vorliegt, s. u. a. Oertmann, BGB. § 651 Anm. 3, LPR. S. 197, Pohl S. 26, Ehrenbacher S. 19, Oetker S. 14 Ueckermann S. 7.

3) JW. 1901 S. 209[10], OLG. Rspr. Bd. 20 S. 133.

4) Staudinger § 243, 4, s. d. Oertmann § 243 Anm. 1.

5) Vgl. RG. in BlfRA. 1913 S. 263.

6) Siehe die Zitate S. 3, ferner Staub, Exk. § 346[10] und Exk. § 374[146], auch RG. 63, 297.

7) Staub, Exk. § 374[135], Staudiger § 433, I, a Abs. 2, Düringer-Hachenburg Bd. 2 S. 270 Anm. 388, Cäsar S. 32.

8) S. 15.

9) Cäsar S. 34.

10) Staub, Exk. § 374[135], s. auch Ueckermann S. 16.

Sukzessivlieferungsvertrag der einzelnen Raten, unter gleichzeitiger Angabe von deren Höhe zu bestimmen.[1]) Nun setzt allerdings der Abruf, da durch ihn nur der Zeitpunkt der Lieferung bestimmt werden soll, an sich voraus, daß die abzunehmende Gesamtmenge bestimmt ist und der Käufer nur das Recht hat, die einzelnen Raten anzugeben, in welche die Menge zerlegt werden soll, und den Zeitpunkt, zu dem die Raten geliefert werden müssen. Allein da, wie wir bereits gesehen haben, auch beim Bierlieferungsvertrag die Menge des zu liefernden Bieres objektiv bestimmt ist durch den gesamten Bedarf während einer bestimmten Zeit, so ist auch hier die Bestellung der jeweilig zu liefernden Menge nichts als die dem Käufer eingeräumte Freiheit, den Zeitpunkt und die Größe der Raten nach Bedarf zu bestimmen. Unter Bedarf ist also hier nicht wie beim Bierlieferungsvertrag im ganzen der Gesamtbedarf zu verstehen, sondern der Bedarf für die Lieferung der einzelnen Raten. Von diesen gilt allerdings, daß sie, wie Zander meint, nicht stets genau festgestellt werden können, sondern daß hier dem Abnehmer eine gewisse Freiheit eingeräumt ist, die aber nach den Regeln von Treu und Glauben gewissen Beschränkungen unterworfen ist.[2]) Inwiefern ein derartiger Abruf geeignet sein sollte, einem auf bestimmte Zeit abgeschlossenen Lieferungsvertrag den Charakter eines reinen Sukzessivlieferungsvertrages zu nehmen, wie das Reichsgericht gelegentlich annimmt,[3]) ist nicht recht ersichtlich, zumal das Reichsgericht selbst dann die Bestimmungen über Sukzessivlieferungsverträge analog anwendet. Auf die rechtliche Natur der Abrufsverpflichtung und die Folgen einer Verletzung derselben ist später einzugehen.

Ein sogenannter Spezifikationskauf liegt beim Bierlieferungsvertrag auf keinen Fall vor, da ja nicht die nähere Beschaffenheit des Kaufgegenstandes, sondern nur Größe und Zeitpunkt der einzelnen zu liefernden Raten vom Wirt bestimmt werden kann.[4])

Anhangsweise sei endlich noch bemerkt, daß die Eintragung der Verpflichtungen des Wirtes aus dem Bierlieferungsvertrag in das Grundbuch allgemein als unzulässig erachtet wird, da durch dieselbe kein dingliches Recht des BGB. begründet wird.[5]) Dagegen ist es zulässig, für die persönlichen Ansprüche des Brauers gegen den Wirt, also insbesondere auch für den bedingten Anspruch

---

[1]) Staub, Exk. § 359[4], Staudinger § 433, I, b, Oertmann § 271, 5, d, Zander S. 301.

[2]) Staub, Exk. § 359[4], Staudinger § 453, I, b, Oertmann § 271, 5, d, Zander S. 301.

[3]) Holdheim 1907 S. 75 (Neumann VI, 688).

[4]) Staudinger § 295, 1, b, Oertmann § 295, 1, b, Pohl S. 28.

[5]) OLG. Rspr. 5, 154, 15, 371, ObLG. VI, 407, WürttJ. Bd. 17 S. 190, Landmann § 10 Anm. 4 S. 118, Henle Vorbem. Art. 13 Abs. 2 S. 35, Pohl S. 76, Ehrenbacher S. 70 ff., Schulze S. 24, Schülein S. 17.

auf Vertragsstrafe nach §§ 1113, 1184, 1190 BGB. eine Sicherungshypothek oder Höchstbetragshypothek auf dem Wirtsanwesen eintragen zu lassen, um dadurch wenigstens indirekt eine Haftung dieses Grundstückes für die Ansprüche aus dem Bierlieferungsvertrag herbeizuführen.[1])

§ 3. Vertragspflichten.

Es ist an dieser Stelle nicht beabsichtigt, eine zusammenfassende und vollständige Darstellung der Pflichten zu geben, welche für die Vertragsteile aus dem Bierlieferungsvertrag entstehen. Dieselben ergeben sich im allgemeinen aus der rechtlichen Natur des Bierlieferungsvertrages als Sukzessivlieferungsvertrag und sind in den vorhandenen Darstellungen des Bierlieferungsvertrags in mehr oder minder ausführlicher Weise behandelt.[2]) Hier sollen nur einzelne dieser Vertragspflichten herausgegriffen werden, welche aus besonderen Gründen einer Erörterung bedürfen.

1. Begründet der Bierlieferungsvertrag überhaupt eine Verpflichtung des Brauers zur Lieferung von Bier an den Wirt?

In Literatur und Praxis wird im allgemeinen als selbstverständlich vorausgesetzt, daß durch den Bierlieferungsvertrag, wie schon der Name besagt, eine Verpflichtung des Brauers begründet wird, an den Wirt während der Vertragszeit das jeweils bestellte Bier zu den festgesetzten Bedingungen zu liefern. Allein es finden sich doch auch Stimmen, welche eine derartige Pflicht des Brauers in Abrede stellen. So steht Berndt[3]) auf dem Standpunkt, daß der Bierlieferungsvertrag in der Regel nur ein Recht, nicht aber eine Pflicht der Brauerei begründet, ebenso das Reichsgericht in einem Urteil vom 12. Mai 1908.[4]) Das Oberlandesgericht Karlsruhe geht sogar in einer vom Reichsgericht gebilligten Entscheidung[5]) so weit, den im Vertrag festgesetzten Bierpreis nur als Sicherung gegen unvorhergesehene Preiserhöhung anzusehen. Nach der von uns gegebenen Begriffsbestimmung des Bierlieferungsvertrags kann diese Auffassung nicht richtig sein und wird der Brauer durch den Bierlieferungsvertrag ebenso zur Bierlieferung verpflichtet, wie der Wirt zum Bierbezug. Es genügt nur darauf hinzuweisen, daß, wenn obige Ansicht richtig wäre, der Bierlieferungsvertrag überhaupt kein gegenseitiger Vertrag wäre und daher der ganzen Rechtsprechung über den Bierlieferungsvertrag,

---

[1]) Staub, Exk. 346 [10], s. auch RG. Bd. 63 S. 333.

[2]) S. insbesondere Schulze-Besse Kap. 8 S. 17, Ehrenbacher S. 26, Ueckermann § 4 S. 12 ff.

[3]) DJZ. 1909 S. 1158.

[4]) Recht 1908 S. 510 Nr. 2900, ähnlich auch LG. Passau in ObLG. II, 255 und LG. Würzburg in ObLG. II, 683.

[5]) BadRpr. 1910 S. 22.

insbesondere den zahlreichen Entscheidungen über die Folgen mangelhafter Lieferung, der Boden entzogen wäre. Worauf ist diese Anschauung nun zurückzuführen? Zum Teil jedenfalls auf die bereits erwähnte Zweiteilung des Bierlieferungsvertrages, wonach einerseits ein nicht gegenseitiger Bierbezugsvertrag, andererseits ein gegenseitiger Bierlieferungsvertrag bestünde. Hier würde allerdings die Bierlieferungspflicht des Brauers keinen Bestandteil des Bierabnahmevertrags bilden; sie würde in der Tat nur ein Recht und keine Pflicht des Brauers begründen. Wie wir aber bereits festgestellt haben, bilden Bierabnahme- und Bierlieferungsvertrag einen und denselben Vertrag, nur daß die wirtschaftlich bedeutsamere Seite des Vertrages, die Bezugspflicht des Wirtes, besonders beurkundet wird. Allein abgesehen hiervon liegt der Ansicht, als ob die Bindung der Brauerei an den Bierlieferungsvertrag nicht die gleiche sei wie die des Wirtes, eine nicht unrichtige Erwägung zugrunde. Da nämlich, wie später noch genauer auszuführen ist, das Interesse des Brauers an der Bezugspflicht des Wirtes häufig größer ist als das Interesse des Wirtes an der Lieferungspflicht des Brauers (wobei es sich immer um die Lieferungspflicht im ganzen, nicht um die einzelnen Lieferungen handelt), so ist es in der Tat wohl denkbar und entspricht häufig dem Willen der Parteien, daß die in dem Vertrage festgesetzte D a u e r des Bierlieferungsvertrages l e d i g l i c h d e n W i r t, nicht aber den Brauer bindet, so daß dieser jederzeit berechtigt ist, den Vertrag aufzulösen. Eine solch verschiedene Kündigungsberechtigung für die verschiedenen Parteien eines Vertrages ist durchaus nichts seltenes und um so weniger bedenklich, wenn bei einer Kündigung der Brauerei eine Abfindung an den Wirt gewährt wird.[1]) Diese Kündigungsbefugnis bringt aber den Vertrag nur für die Z u k u n f t zur Auflösung und beseitigt nicht die Lieferungspflicht des Brauers, so lange noch der Vertrag zu Recht besteht.[2]) Ob ein solches freies Kündigungsrecht der Brauerei im Einzelfall gegeben ist, ist durch Auslegung der Verträge zu ermitteln. Dabei ist darauf Rücksicht zu nehmen, daß häufig auch ein berechtigtes Interesse des Wirtes an der Aufrechterhaltung des Bierlieferungsvertrags besteht, besonders dann, wenn mit dem Bierlieferungsvertrag noch andere Verträge verbunden sind, deren Bestand durch die Auflösung des Bierlieferungsvertrages berührt wird.

An dieser Stelle soll auch kurz die Frage berührt werden, ob die Brauerei verpflichtet ist, Bier aus der e i g e n e n Brauerei zu liefern oder ob sie auch anderes Bier liefern darf, sofern dieses von gleicher Güte ist. Die Antwort kann nur dahin lauten, daß die Brauerei im Zweifel nur eigenes Bier liefern kann. Denn das Bier einer bestimmten Brauerei ist nach der Auffassung des Verkehrs, insbesondere der Konsumenten, etwas durchaus eigenartiges,

---

[1]) Vgl. RG. in BadRpr. 1910 S. 22.

[2]) OLG. Rspr. 4, 205, s. auch Brauer- und Hopfenzeitung 1903 S. 1871.

unvertretbares und es ist daher für den Wirt von maßgebender Bedeutung, aus welcher Brauerei er seinen Bedarf zu decken hat. Weiß er das nicht, so ist er überhaupt nicht in der Lage, die Tragweite der von ihm übernommenen Bezugspflicht zu übersehen.[1])

Damit ist auch gesagt, daß eine Übertragung der Rechte aus dem Bierlieferungsvertrag von seiten der Brauerei oder ein Übergang kraft Gesetzes (z. B. Fusion nach § 306 HGB.) nur dann möglich ist, wenn der Rechtsnachfolger die Brauerei weiter betreibt, weil nur in diesem Fall eine Veränderung des Inhalts der Leistung nicht erfolgt (§ 399 BGB.).[2]) Es ist dies natürlich nicht so aufzufassen, daß die Brauerei an demselben Ort oder in denselben Räumen weiter betrieben werden muß, aber es muß nach der Verkehrsauffassung eine Fortsetzung des Betriebs der abtretenden Brauerei vorliegen.[3]) Ist dies nicht der Fall, so finden bei Fusion der vertragschließenden Brauerei mit einer anderen auf die Vertragspflichten der ersteren die Vorschriften über Unmöglichkeit der Leistung Anwendung.[4])

Anderes gilt nur dann, wenn im Einzelfall aus dem Vertrag entnommen werden kann, daß die Brauerei nicht zur Lieferung eigenen Bieres, sondern nur allgemein zu Bierlieferung verpflichtet ist.[5]) Dafür müssen aber besondere Anhaltspunkte vorliegen.[6])

2. Besteht eine Verpflichtung des Wirtes zum Bierbedarf?

Nach dem Inhalt des Bierlieferungsvertrages ist der Wirt verpflichtet, den gesamten Bierbedarf seiner Wirtschaft von dem Brauer zu beziehen. Legt man diesen Vertrag wörtlich aus, so ergibt sich daraus zwar eine Verpflichtung des Wirtes, den Bierbedarf, den er wirklich hat, bei dem anderen Vertragsteil zu decken, nicht aber eine Verpflichtung dahin, auch wirklich Bierbedarf zu haben. Diese Konsequenz zieht auch Oertmann, welcher ausführt:[7]) „Eine Verpflichtung des Wirtes, während der Vertragszeit seinen Gewerbebetrieb überhaupt oder einen Ausschank von Bier beizubehalten, läßt sich mangels besonderer Abrede nicht annehmen. Nur so weit er Bier braucht, muß er es von dem Brauer beziehen, aber nicht dafür aufkommen, daß er Bier braucht.[8]) Auch Art. 13 Abs. 2 AG. BGB. beruht darauf, daß der Bierlieferungsvertrag an sich endet, wenn durch den Verkauf der Wirtschaft ein Bedarf für den Wirt, der den Bierlieferungsvertrag abgeschlossen hat, nicht mehr besteht.

---

[1]) RG. in LZ. 1907, 432 (Recht 1907 Nr. 981).
[2]) RG. in BlfRA. 78, 265, s. auch WürttZ. 14, 271.
[3]) RG. in BlfRA. 78, 264.
[4]) RG. a. a. O. S. 265.
[5]) RG. in JW. 1908 S. 219[48], und HZ. 1908 S. 1031.
[6]) A. M. WürttZ. 19, 133.
[7]) LPR. S. 196, s. aber auch Oertmann, BGB. § 339, 2, a S. 225.
[8]) Aehnlich Würzburg ObLG. II, 683 und RG. in LZ. 1908 S. 60, wohl auch Recht 1909 Nr. 2217.

Allein in zahlreichen Fällen trifft schon die Ausnahme zu, die auch Oertmann gelten läßt, daß die Parteien im Vertrag anderes vereinbart haben. In fast allen Verträgen ist entsprechend den gesetzlichen Bestimmungen des bayrischen Art. 13 II AG. BGB. ausgemacht, daß der Wirt die Bierbezugspflicht nicht nur für sich, sondern auch für seine Rechtsnachfolger, insbesondere für Käufer und Pächter der Wirtschaft, übernimmt. Damit ist jedenfalls für diese Fälle festgesetzt, daß die Bezugspflicht nicht ohne weiteres erlischt, wenn der Vertragschließende selbst keinen Bedarf mehr hat. In einer Anzahl von Fällen ist aber in den Verträgen sogar ausdrücklich eine Verpflichtung des Wirtes bedungen, die Wirtschaft während der Dauer des Vertrages fortzuführen.[1]) In wieder anderen Fällen hat sich der Brauer gegen eine vorzeitige Aufgabe des Wirtschaftsbetriebs durch den Wirt dadurch gesichert, daß er in dem Vertrag dem Wirt die Verpflichtung zur Abnahme eines Mindestquantums von Bier ausdrücklich auferlegt.[2])

Allein auch soweit es nicht im Vertrag vorgesehen ist, wird man in der Verpflichtung des Wirtes zur Abnahme seines gesamten Bierbedarfs während einer gewissen Zeit auch die Verpflichtung zu finden haben, während dieser Zeit tatsächlich Bedarf zu haben. Denn da, wie wir gesehen haben, die Menge des zu liefernden Bieres im Bierlieferungsvertrag nicht ziffernmäßig bestimmt ist, sondern sich nach dem Bedarf des Wirtes richtet, so liegt in dem Abschluß des Bierabnahmevertrags zugleich die Übernahme einer positiven Pflicht, während der Zeit des Vertrages einen solchen Bedarf zu haben und die Wirtschaft, deren Bedarf dem Vertrag zugrunde liegt, wirklich zu betreiben.[3]) Die Frage, ob der Wirt berechtigt ist, den Wirtschaftsbetrieb einzustellen, um dadurch seinem Bedarf ein Ende zu machen, fällt also zusammen mit der Frage, unter welchen Voraussetzungen der Wirt berechtigt ist, den Vertrag seinerseits aufzulösen, und hier ist grundsätzlich daran festzuhalten, daß die Vertragsdauer für ihn auch insofern maßgebend sein muß, daß er nicht berechtigt ist, den Vertrag vorzeitig ohne Genehmigung seines Vertragsgegners aufzulösen, auch nicht dadurch, daß er den Wirtschaftsbetrieb aufgibt. Dies würde nicht nur gegen den Parteiwillen verstoßen, wie er sich nach Treu und Glauben darstellt (§§ 242, 157 BGB.), sondern auch den Wert des Bierlieferungsvertrages für den Brauer in hohem Maße beeinträchtigen, da der Wirt jederzeit in der Lage wäre, sich durch Aufgabe seines Betriebes von dem Vertrag zu befreien.[4]) Zu weit

---

[1]) S. z. B. JW. 1909 S. 412 [7], ObLG. V, 600, IX, 175 (Vertragsstrafe auch bei Einstellung des Betriebes), XII, 842.

[2]) So Recht 1904 Nr. 2596, 1909 S. 680, ObLG. VI, 650 Brauer- und Hopfenzeitung 1906 S. 488, 1908 S. 1727 und Burmester in Brauer- und Hopfenzeitung 1908 S. 981.

[3]) Staub, Erk. § 359 [4], Cäsar S. 53, Schulze S. 26, RG. in LZ. 1908 S. 60, Recht 1907 Nr. 2064 und 3061, ObLG. a. F. 14, 727.

[4]) Vgl. Ueckermann S. 27, 45, Schülein S. 26/27.

geht jedoch Ueckermann,[1]) der sogar dem Wirt das Recht bestreitet, ohne Zustimmung der Brauerei die Wirtschaft zu verkaufen oder zu verpachten. Dadurch wird er nur von seiner Bierbezugspflicht nicht frei, wobei als Bedarf nach Treu und Glauben derjenige zugrunde zu legen sein wird, den der Wirt bisher auf Grund seiner Wirtschaftsführung benötigt hat. Mehrfach wird auch gesagt, der Weiterbetrieb der Wirtschaft sei Bedingung für den Fortbestand des Bierlieferungsvertrags.[2]) Dies mag richtig sein für jene Fälle, wo die Einstellung des Wirtschaftsbetriebes herbeigeführt wird durch ein zukünftiges ungewisses Ereignis, das von den Parteien unabhängig ist (z. B. Entziehung der Konzession, Zwangsversteigerung des Grundstücks usw.).[3]) Hier wird es tatsächlich mangels anderweitiger Vereinbarung meist dem Willen der Vertragsschließenden entsprechen, daß der Eintritt eines derartigen Ereignisses als auflösende Bedingung die Wirkung des Bierlieferungsvertrages für die Zukunft aufhebt (§ 168 Abs. 2 BGB.), ein Resultat, das übrigens auch durch Anwendung der Sätze über Unmöglichkeit der Leistung gewonnen wird (§§ 275, 323 BGB.). Dagegen kann von einer Bedingung keinesfalls gesprochen werden, wenn es sich um die Aufgabe oder den Verkauf der Wirtschaft durch den vertragschließenden Wirt selbst handelt.[4]) Es liegt hier der Fall einer vom Wirt verschuldeten Unmöglichkeit vor.[5])

Unter welchen Voraussetzungen der Wirt berechtigt ist, den Weiterbetrieb der Wirtschaft einzustellen, bzw. wann ihm die Einstellung als Verschulden zugerechnet werden kann, bemißt sich nach Treu und Glauben mit Rücksicht auf die Verkehrssitte (§§ 242, 157 BGB.). Wie der Wirt nicht berechtigt ist, ohne weiteres durch Einstellung des Wirtschaftsbetriebs den Vertrag jederzeit zu beendigen, so ist er andrerseits auch nicht verpflichtet, die Durchführung des Vertrages durch Weiterführung der Wirtschaft auch dann zu ermöglichen, wenn ihm dies lediglich wegen des geschlossenen Bierlieferungsvertrages billigerweise nicht zugemutet werden kann. Es ist nicht die Absicht der Vertragschließenden, den Wirt auch dann an dem Vertrag festzuhalten, wenn er durch zwingende Gründe, insbesondere auch durch andauernde Unrentabilität des Geschäftes sich genötigt sieht, die Wirtschaft aufzugeben. Er soll nicht durch den Vertrag gezwungen werden, seine ganze Existenz auf Jahre hinaus in Frage zu stellen und Opfer zu bringen, welche in keinem Verhältnis stehen zur Bedeutung des abgeschlossenen Bierlieferungsvertrages. In solchen Fällen ist der Wirt berechtigt, den Wirtschaftsbetrieb einzustellen ohne die Folgen einer

---

[1]) S. 45.
[2]) ObLG. I, 601, II, 683, 688.
[3]) WürttJ. 18, 3.
[4]) Vgl. Staudinger Vorbem. vor § 158, 6, ObLG. I, 601.
[5]) Ueckermann S. 27.

schuldhaften Verletzung des Bierlieferungsvertrages auf sich nehmen zu müssen.[1])

Im Anschluß an diese Ausführungen ist die Frage zu erörtern, ob auch die Erben des Wirtes verpflichtet sind, den Wirtschaftsbetrieb fortzuführen, oder ob mit dem Tod des Wirtes auch der Bedarf und damit der Vertrag selbst endet. Letzterer Ansicht ist Ueckermann, der den Tod einer Partei als Beendigungsgrund des Bierlieferungsvertrages anführt.[2]) Dagegen hat das ObLG. ausgesprochen,[3]) daß das Recht aus einem Bierlieferungsvertrag nach Art. 13 II AG. BGB. auf die Erben übergeht, so weit es sich nicht um höchst persönliche Ansprüche handelt. Bei der Verpflichtung der Erben, in den Vertrag einzutreten, handle es sich nur um die Verpflichtung des Erblassers, dafür einzustehen, daß der künftige Inhaber der Wirtschaft in den Bierlieferungsvertrag eintritt. Richtig scheint wohl folgendes: Die Verpflichtung des Wirtes, seinen gesamten Bierbedarf bei einem bestimmten Brauer zu decken, ist keine höchst persönliche Verpflichtung, da ja Gegenstand des Vertrages nicht sein persönlicher Bedarf, sondern der Bedarf der von ihm betriebenen Wirtschaft ist. Seine Bierbezugspflicht geht daher grundsätzlich nach § 1922 BGB. auf seine Erben über. Treiben die Erben die Wirtschaft selbst weiter oder lassen sie dieselbe weiterbetreiben, so treten sie insoweit an Stelle des Erblassers; ebenso geht die oben erwähnte Verpflichtung des Wirtes, dafür einzustehen, daß ein etwaiger Rechtsnachfolger in den Bierlieferungsvertrag eintritt, auf die Erben über. Treten somit die Erben grundsätzlich in die Bierbezugspflicht des Erblassers ein, so kann bei Verletzung dieser Pflicht durch die Erben nicht von unverschuldeter Unmöglichkeit der Vertragserfüllung im Sinne von §§ 275, 323 Abs. 1 BGB. gesprochen werden, welche eine Befreiung der Vertragsteile von Leistung und Gegenleistung mit sich bringen würde.[4]) Eine andere Frage ist aber die, ob die Erben nicht nach Treu und Glauben noch in weitergehendem Maße zur Einstellung des Wirtschaftsbetriebes berechtigt sind, als es der Erblasser gewesen wäre. Dies ist insofern zu bejahen, als bei Würdigung der Frage, ob ein triftiger Grund vorliegt, auf Grund dessen den Erben die Fortführung der Wirtschaft nicht mehr zugemutet werden kann, die besonderen Verhältnisse der Erben maßgebend zu sein haben und daher beispielsweise die Tatsache, daß die Erben im Gegensatz zum Erblasser keine Wirte sind und ein Verkauf der Wirtschaft nicht tunlich ist, die Erben berechtigen kann, den Betrieb einzustellen. Eine derartige Auslegung des Bier-

---

[1]) So RG. in Recht 1907 Nr. 2264, 3061. Die Entscheidung Recht 1906 Nr. 441 ist irreführend abgedruckt, da die Vertragsverletzung hier tatsächlich darin lag, daß der Wirt auch nach Aufhören der Zwangslage nicht zur Brauerei zurückkehrte. (Vgl. Brauer und Hopfenzeitung S. 697.)

[2]) Ueckermann S. 55.

[3]) ObLG. VII, 71.

[4]) Schulze S. 30 und Ehrenbacher S. 68.

lieferungsvertrags entspricht sowohl dem Interesse der Brauerei an der Aufrechterhaltung des Bierlieferungsvertrages, wie dem Interesse der Erben des Wirtes, nicht durch einen derartigen, auf die persönlichen Verhältnisse des Erblassers berechneten Vertrag in unbilliger Weise beschwert zu werden. Im übrigen hat die Auslegung des einzelnen Vertrages zu entscheiden, welche unter Umständen auch dahin gehen kann, daß eine Bindung der Erben überhaupt nicht gewollt ist.

3. Abnahme und Abruf.

Wie bereits erwähnt, wird der Bierlieferungsvertrag in der Praxis häufig als Bierabnahmevertrag bezeichnet.[1]) Schon darin kommt zum Ausdruck, daß der Verpflichtung zur Bierabnahme beim Bierlieferungsvertrag gegenüber der allgemeinen Abnahmepflicht in Kaufverträgen (§ 433 Abs. 2 BGB.) eine erhöhte Bedeutung zukommt. Bevor wir jedoch auf diese Bedeutung eingehen, müssen wir erst feststellen, was diese Abnahmepflicht beim Bierlieferungsvertrag besagen will.

Unter Abnahme im Sinne des § 433 Abs. 2 BGB. versteht man die tatsächliche, körperliche Wegnahme der vom Verkäufer angebotenen Ware durch den Käufer.[2]) Bei dieser Abnahmepflicht handelt es sich also nur darum, von dem Verkäufer die Verfügungsgewalt über die Ware zu übernehmen, ihn von diesem Gute zu entlasten und die Sorge für dessen Obhut und Aufbewahrung abzunehmen. Diese Abnahmepflicht unterscheidet sich nicht nur von der Annahme als Erfüllung,[3]) sondern sie hat auch weder zu tun mit der Verpflichtung des Käufers, die Ware zu beziehen, noch mit einer etwaigen Verpflichtung, die Ware tatsächlich zu verwenden. Gerade dieser letzte Punkt ist beim Bierlieferungsvertrag wichtig. Wie nämlich die überwiegende Meinung in Literatur und Rechtsprechung annimmt, ist die Abnahmepflicht nach § 433 Abs. 2 BGB. zwar eine selbständige, klagbare Verpflichtung des Käufers, die im Falle des Verzuges die Anwendung von § 284 BGB. nach sich zieht, nicht aber eine wesentliche Verpflichtung des Kaufvertrages in dem Sinne, daß sie wie die Verpflichtung zur Zahlung des Kaufpreises eine Gegenleistung gegen die Verschaffung der Ware bildet. Die Folge davon ist, daß auf Verzug in der Abnahme grundsätzlich nicht die Bestimmungen des § 326 BGB. Anwendung finden, und daß ebensowenig in der Verletzung der Abnahmepflicht eine positive Vertragsverletzung gelegen ist mit all den rechtlichen Folgen, welche Wissenschaft und Rechtsprechung an diese knüpfen. Eine Ausnahme von dieser Regel wird nur

---

[1]) Vgl. ObLG. XII, 842 (Bierabnahme- bzw. Bierlieferungsvertrag).

[2]) Staub, Exk. vor § 373[67], Staudinger § 433, IX, 2, Endemann S. 791.

[3]) Staudinger § 433, IX, 2, a S. 85.

dann gemacht, wenn sich im einzelnen Falle aus besonderen Gründen die Abnahme der Ware als eine Hauptleistung des Vertrages darstellt. Dies ist nach der Rechtsprechung besonders der Fall bei Lieferungen von Massenprodukten,[1]) wie überhaupt von Gegenständen, bei denen der Verkäufer ein erhebliches Interesse hat, von denselben entlastet zu werden. Auch aus besonderen Bestimmungen des Vertrages kann sich eine derartige ausnahmsweise Bedeutung der Abnahmepflicht als Hauptleistung ergeben.[2]) Ein solches besonderes Interesse an der tatsächlichen Abnahme ist beim Bierlieferungsvertrag im allgemeinen nicht vorhanden, da die Aufbewahrung des nicht gelieferten Bieres in der Regel den Brauereien keine besondere Last auferlegt.

Wenn trotzdem von mancher Seite behauptet wird, die Abnahmepflicht sei beim Bierlieferungsvertrag eine Hauptleistung, so geschieht es mit Rücksicht darauf, daß der Brauer ein dringendes Interesse daran hat, daß das Bier vom Abnehmer tatsächlich verzapft wird.[3]) Ein derartiges Interesse des Brauers mag in vielen Fällen gegeben sein, und man kann auch annehmen, daß die Bierbezugspflicht des Wirtes die rechtliche Verpflichtung enthält, das Bier tatsächlich auszuschenken. Allein diese Verpflichtung, welche ebenfalls eine Nebenverpflichtung des Wirtes aus dem Kaufvertrag darstellt, hat mit der Abnahmepflicht des § 433 Abs. 2 nichts zu tun, denn sie bezieht sich nicht auf die Entlastung des Brauers von der Aufbewahrung des Bieres, sondern auf die Verwendung des abgenommenen Bieres. Daher stellt auch beim Bierlieferungsvertrag die Verletzung der Abnahmepflicht in der Regel keine Verletzung einer Hauptleistung dar, soweit nicht in derselben auch die Weigerung der Zahlung gefunden werden kann.[4])

Nun versteht aber das tägliche Leben unter Abnahme keineswegs nur die körperliche Wegnahme des Kaufgegenstandes durch den Käufer. Der Ausdruck Abnahme umfaßt vielmehr, wie das Reichsgericht ausführt,[5]) im Sprachgebrauch der Geschäftswelt auch diejenigen rechtsgeschäftlichen Handlungen des Käufers, durch welche die Unbestimmtheit in Bezug auf die Lieferung der Ware nach Zeit, Ort, Art und Gegenstand beseitigt und dem Verkäufer erst die körperliche Ablieferung der Ware ermöglicht wird, also insbesondere Abruf und Spezifikation. Dies gilt besonders auch beim Bierlieferungsvertrag, bei dem unter Abnahmepflicht des Wirtes in erster Linie dessen Verpflichtung verstanden wird, die einzelnen Raten nach Zeit und Höhe zu bestimmen. Wir haben bereits gesehen, daß diese Verpflichtung nicht dahin geht, die Ware zu

---

[1]) Staudinger § 433, IX, 2, e, α, RG. 57, 105.
[2]) S. Staub, Exk. § 374 [168].
[3]) Ehrenbacher S. 41, Ueckermann S. 23.
[4]) Staudinger § 433, IX, 2, e, ββ, RG. 55, 161.
[5]) RG. 57, 105.

bestellen,[1]) da ja der Bierlieferungsvertrag kein Vorvertrag ist, sondern daß sie nichts anderes darstellt als die gewöhnliche Verpflichtung zum Abruf, wie sie auch bei sonstigen Sukzessivlieferungsverträgen vorkommt. Dieser Abruf, oder wie Ehrenbacher [2]) sagt, Bedarfsanzeige, ist eine Mitwirkungshandlung des Wirtes, welche die Erfüllung des Bierlieferungsvertrages erst ermöglicht, er ist daher nicht nur ein Recht, sondern auch eine Pflicht des Wirtes.[3]) Diese Bedarfsanzeige ist jedoch nicht nur kein Teil der Abnahmepflicht und keine Hauptleistung aus dem Bierlieferungsvertrag, wie sie die Anwendung des § 326 BGB. voraussetzt,[4]) sondern überhaupt keine selbständige Verpflichtung, da an ihrer Vornahme kein Interesse besteht, das verschieden wäre von dem Interesse an der Einhaltung der übrigen Vertragspflichten. Die Bedarfsanzeige dient vielmehr nur dazu, diejenigen Verpflichtungen, welche dem Wirt aus dem Vertrag obliegen, vorzubereiten und zu ermöglichen, nämlich die Zahlung des Kaufpreises und die Abnahme des Bieres, sowie, wenn man will, die Verwendung des Bieres in der Wirtschaft, für welche es geliefert wird. Der Abruf ist daher nur eine unselbständige Nebenverpflichtung zu diesen eigentlichen Vertragsleistungen.[5]) Von mancher Seite wird dem Abruf der Charakter einer Hauptleistung dann zugesprochen, wenn aus besonderen Gründen ein Interesse des Verkäufers daran besteht, daß sein Lager geräumt und der geordnete Geschäftsbetrieb aufrechterhalten wird.[6]) Dabei wird jedoch übersehen, daß es hier nicht der Abruf, sondern die Abnahme ist, an der das Interesse des Verkäufers besteht, während er am Abruf nur insoweit interessiert ist, als dieser die Abnahme vorbereiten soll. Kommt aber dem Abruf gegenüber den übrigen Vertragsleistungen eine selbständige Bedeutung nicht zu, so ist es auch nicht richtig, eine gesonderte Klage auf Abruf oder auf Angabe der einzelnen Raten zu geben, wie dies in der Regel geschieht.[7]) Für eine solche Klage ist auch, wie Ueckermann zugibt, ein Bedürfnis nicht vorhanden. Weigert sich nämlich der Wirt, die Bedarfsanzeige zu machen, so geschieht dies doch deshalb, weil er das Bier nicht abnehmen oder bezahlen will. Wird er nun zur Vornahme der Anzeige verurteilt, so kann er zwar zu dieser nach § 888 ZPO. gezwungen werden, wenn er sich aber weigert, die Ware zu bezahlen oder abzunehmen, bedarf es einer neuen Klage auf Abnahme oder Zahlung, da ja die Bedarfsanzeige an sich für den Brauer kein Interesse hat. Unter diesen Umständen ist der

---

1) Oetker S. 11, München II ObLG. I, 601.
2) S. 28.
3) Zander S. 309, 1, a, RG. in LZ. 1907 S. 287.
4) RG. in LZ. 1907 S. 287 u. a.
5) Schulze S. 25.
6) Staub, Exk. vor § 373 [71], Exk. § 374 [168].
7) Ehrenbacher S. 35, Schulze S. 26, Ueckermann S. 24, Staub, Exk. vor § 373 [71], RG. 56, 177.

zweckmäßige Weg der, den Wirt zunächst zum Abruf aufzufordern. Weigert er sich, seinen Bedarf anzugeben und abzurufen, so kommt er nicht nur in Annahmeverzug nach § 293, 295 BGB., sondern auch in Schuldnerverzug bezüglich der Zahlungs- und Abnahmepflicht, da die Bedarfsanzeige Voraussetzung ist für die Erfüllung beider Verpflichtungen und die Aufforderung zur Vornahme des Abrufs gleichzeitig die Mahnung zur Vornahme der eigentlichen Erfüllungs-Handlungen des Bierlieferungsvertrags enthält.[1]) Der Brauer kann dann sofort auf Abnahme und Zahlung der durch die Bedarfsanzeige festzustellenden Rate klagen und es ist richtig, daß, wie Ueckermann ausführt, die Verurteilung zur Abnahme (und auch zur Zahlung) gleichzeitig eine Verurteilung zur Vornahme des Abrufs enthält. Die Klage auf Vornahme des Abrufs ist daher ebenso überflüssig, wie die Klage auf Vornahme der Spezifikation.[2]) Es ist daher anzunehmen, daß sie ebensowenig wie jene von der Rechtsordnung gewährt ist.

Aus dem Gesagten ergibt sich auch, daß die Verletzung der Abrufspflicht keine positive Vertragsverletzung begründet,[3]) daß aber in der Unterlassung des Abrufs eine Verletzung der eigentlichen Vertragspflichten, der Zahlung und Abnahme gelegen sein kann und in der Regel auch gelegen sein wird.

4. Zahlung des Kaufpreises, insbesondere Bierpreiserhöhung.

Die Hauptverpflichtung des Wirtes aus dem Bierlieferungsvertrag ist die Zahlung des Kaufpreises (§ 433 Abs. 1 BGB.). Dieser Kaufpreis ist entweder nach dem Vertrag fest bestimmt, oder es wird der ortsübliche Preis angesetzt, oder es wird überhaupt über den Preis im Vertrag keine Bestimmung getroffen. Ist letzteres der Fall, so findet nicht § 316 BGB. Anwendung, so daß dem Brauer die Bestimmung des Preises zustünde,[4]) sondern es ist nach Handelsgebrauch der ortsübliche, angemessene Preis als vereinbart anzusehen.[5])

Einer besonderen Erörterung bedarf die Frage, unter welchen Voraussetzungen während der Dauer des Bierlieferungsvertrages eine Preiserhöhung von seiten des Brauers vorgenommen werden darf. Ist der Bierpreis im Vertrag fest bestimmt, so ist eine Erhöhung des Bierpreises während der Dauer des Vertrages überhaupt ausgeschlossen. Hier gilt auch für lang dauernde Verträge der Grundsatz, daß die Parteien an die getroffenen Vereinbarungen gebunden sind, und es ist Sache der Brauer, die ja in den

---

[1]) A. M. RG. 56, 177.
[2]) Darüber Staub § 375[5].
[3]) A. M. Staub, Exk. § 359[4].
[4]) So Ueckermann S. 21.
[5]) RG. in JW. 1908 S. 327[7], Recht 1909 Nr. 1297, Henle S. 39, Oertmann, LPR. S. 196.

meisten Fällen juristische Berater haben oder ihre Verträge nach festen Formularen schließen, dafür zu sorgen, daß ihnen aus dem Abschluß der Verträge kein Schaden erwächst.[1]) Dies kann allerdings dahin führen, daß die Erhöhung von Steuern, die von den Brauern erhoben werden, aber nach dem Willen des Gesetzgebers auf die Abnehmer abgewälzt werden sollen, tatsächlich von den Brauern getragen werden müssen und diesen damit eine unbeabsichtigte Sondersteuer auferlegt wird. Dies hat der Gesetzgeber in neuerer Zeit auch anerkannt und er hat daher sowohl in § 63 des BrausteuerG. vom 21. Juli 1909 als auch in Art. 75 des bayerischen MalzaufschlagG. vom 18. März 1910 Bestimmungen getroffen, nach denen die Steuererhöhung auch dann auf den Abnehmer abgewälzt werden kann, wenn Bierlieferungsverträge mit bestimmten Bierpreisen geschlossen wurden. Ob darin eine partielle Aufhebung der vertraglichen Rechte eines Kontrahenten und damit ein unmittelbarer Eingriff in Privatrechte gegeben ist,[2]) oder ob damit eine besondere gesetzliche Forderung des Brauers begründet wird, die neben den vereinbarten Kaufpreisen besteht, wird mit dem Reichsgericht[3]) in letzterem Sinne zu entscheiden sein, da dies den weniger schweren Eingriff in die rechtlichen Beziehungen der Parteien begründet.

Besonders hervorzuheben ist, daß unter ausdrücklicher „Bestimmung" des Kaufpreises in § 63 Abs. 3 BrausteuerG., welche die Überwälzung der Brausteuer ausschließt, nicht die bloße ziffernmäßige Bestimmung des Kaufpreises zu verstehen ist, auf die sich ja gerade § 63 Abs. 1 bezieht, sondern nur die in vielen Verträgen enthaltene Klausel, daß eine etwaige Biersteuererhöhung zu Lasten des Brauers geht. § 63 BrausteuerG. gilt wegen Gleichheit des gesetzgeberischen Grundes auch bei Erhöhung von Übergangsabgaben und Zöllen,[4]) sowie für Bierverleger, welche nach dem Willen des Gesetzgebers die Steuer ebensowenig tragen sollen wie die Brauer.[5])

Ist in den Verträgen kein fester Bierpreis angesetzt, so ist eine Erhöhung des Bierpreises aus allgemeinen Gründen zwar möglich und entspricht durchaus der Natur eines Lieferungsvertrages über Lebens- und Genußmittel, deren Preis immer gewissen Schwankungen unterworfen ist.[6]) Die Rechtsprechung hat aber mit Rücksicht auf Treu und Glauben im Verkehr und das Interesse

[1]) Staub, Exk. § 374[49], Endemann S. 619[16], Biberfeld, Brauer- und Hopfenzeitung 1906 S. 2511, a. M. Ueckermann S. 22. In vielen Verträgen sind ausdrücklich Bestimmungen über die Erhöhung der Bierpreise aufgenommen. Vgl. JW. 1909 S. 412[7], ObLG. IX, 175, XII, 842.

[2]) Wolff, JW. 1911 S. 568 ff.

[3]) RG. 76, 266.

[4]) Wolff a. a. O.

[5]) Tasse, JW. 1911 S. 936, Karlsruhe, Brauer- und Hopfenzeitung 1911 S. 2276, dagegen Colmar OLGRspr. 23, 293.

[6]) Brauer- und Hopfenzeitung S. 1753.

der anderen vertraglich auf lange Jahre hinaus gebundenen Partei der Berechtigung des Brauers zur Erhöhung des Bierpreises während der Vertragszeit gewisse Schranken gesetzt, welche sich am klarsten in der Entscheidung des Reichsgerichts vom 17. März 1908[1]) finden. Hienach muß die Preiserhöhung, wenn sie nicht eine Verletzung der Vertragspflichten des Brauers enthalten soll, zwei Anforderungen erfüllen. Sie muß einmal vom Standpunkt des Brauereibetriebes aus im Hinblick auf die Erhöhung der Produktionskosten angemessen sein und muß andererseits die ungeminderte Erhaltung der Betriebs- und Konkurrenzfähigkeit des auf Jahre hinaus gebundenen Abnehmers berücksichtigen und darum in den beteiligten Verkehrskreisen allgemein anerkannt sein, oder, anders ausgedrückt, allgemein durchführbar sein. Denn wenn eine vertragliche Gebundenheit des Bierbezugspflichtigen zugelassen werde, wonach dieser auf lange Zeit hinaus auf die freie Ausnützung der Vorteile wechselnder wirtschaftlicher Konjunktur und geschäftlicher Konkurrenz verzichten muß, so verlange Treu und Glauben umso dringender, daß die bezugsberechtigte Brauerei bei einer solchen Preiserhöhung auch das Interesse ihres Abnehmers berücksichtige. Sie trage insbesondere auch die Gefahr einer durch Ringbildung versuchten, aber nicht allgemein durchgeführten Preiserhöhung. Diesen Grundsätzen haben sich eine Reihe von späteren Entscheidungen angeschlossen;[2]) wesentliche Bedenken sind dagegen nicht erhoben worden.[3]) Bemerkenswert ist, welche hohe Anforderung das Reichsgericht stellt, bis eine allgemeine Preiserhöhung angenommen werden kann. In dieser Hinsicht ist darauf zu verweisen, daß in der zitierten Entscheidung Leipziger Zeitschrift 1909 S. 783 eine solche allgemeine Preiserhöhung nicht angenommen wurde, obwohl von den 2000000 hl, welche die in Betracht kommenden Brauereien ausschenkten, nur die Produzenten von 120000 hl, also von 6%, der Preiserhöhung ferngeblieben waren.

Die unberechtigte Forderung eines höheren Bierpreises bildet zwar an sich noch keine positive Vertragsverletzung,[4]) sondern berechtigt den Wirt, trotzdem zu den alten Bedingungen Bierlieferungen zu verlangen. Wenn aber die Brauerei, und zwar ernstlich und endgültig,[5]) die Weiterlieferung des Bieres von der Bewilli-

[1]) JW. 1908 S. 325 [6].

[2]) RG. in JW. 1908 S. 327 [7], Recht 1909 Nr. 22 und 1446, (letztere ausführlicher LZ. 1909 S. 783), Hamburg Recht 1907 Nr. 2509 (hier Erhöhung zugelassen), Brauer- und Hopfenzeitung 1909 S. 932, s. auch Henle S. 39, Oertmann § 453, 2, b S. 409.

[3]) S. Schülein S. 33, dessen Bedenken schon durch die zahlreichen durchgeführten Preiserhöhungen widerlegt werden; zu bemerken ist, daß in manchen Fällen auf Grund des Vertrages auch eine nicht allgemeine Preiserhöhung zugelassen wird. Vgl. Brauer- und Hopfenzeitung 1907 S. 1557.

[4]) Oertmann § 453, 2, b S. 410.

[5]) RG. in LZ. 1912 S. 675, Düringer-Hachenburg Bd. II Anm. 385 S. 267.

gung einer ungerechtfertigten Bierpreiserhöhung abhängig macht, so liegt in dieser ausdrücklichen Erfüllungsverweigerung eine positive Vertragsverletzung mit den sich daraus ergebenden rechtlichen Folgen (insbesondere Rücktrittsrecht des Wirtes vom Vertrag).[1]

§ 4. Folgen der Vertragsverletzung, besonders bei mangelhafter Leistung.

Von den Rechtsfolgen, welche bei schuldhafter Verletzung von Verpflichtungen aus einem gegenseitigen Vertrag eintreten sollen, hat das BGB. nur Unmöglichkeit und Verzug ausdrücklich geregelt, jene in den §§ 279—283, §§ 323—325, 327, diese in den §§ 284—290, 326, 327. Von einer Erörterung dieser Materien kann jedoch an dieser Stelle abgesehen werden, einmal weil der Bierlieferungsvertrag hier gegenüber den sonstigen gegenseitigen Verträgen eine Besonderheit nicht aufweist, dann aber auch, weil die Anwendung der allgemeinen Grundsätze über Verzug und Unmöglichkeit in den Monographien zum Bierlieferungsvertrag ausreichend dargestellt ist.[2] Nur auf zwei Punkte soll kurz eingegangen werden:

Von mancher Seite wird die Ansicht aufgestellt, bei Sukzessivlieferungsverträgen sei in der mangelhaften Leistung einzelner Raten eine teilweise Unmöglichkeit der Leistung zu erblicken, indem durch die fehlerhafte Leistung der Zeitpunkt für die richtige fehlerlose Leistung verpaßt und diese daher so, wie sie vertragsmäßig zu bewirken sei, nicht mehr bewirkt werden könne.[3] Diese Konstruktion, welche bei mangelhafter Leistung die unmittelbare Anwendung des § 325 BGB. zur Folge hätte, ist mit Recht als gekünstelt abgelehnt worden.[4] Nur das eine ist richtig, daß aus einer mangelhaften Leistung unter Umständen auf die Unmöglichkeit der Erfüllung geschlossen werden kann, z. B. wenn aus dem gelieferten mangelhaften Bier hervorgeht, daß der ganze Sud der Brauerei mißlungen ist.[5]

Eingehender ist die Frage zu behandeln, ob bei Sukzessivlieferungsverträgen der Verzug mit einer einzelnen Rate für den nichtsäumigen Teil die Geltendmachung der Rechte aus § 326 BGB. nicht nur, wie unbestritten, hinsichtlich der einzelnen Raten, sondern auch hinsichtlich des ganzen Vertrages begründet.

---

[1] RG. in JW. 1908 S. 325⁶, LZ. 1909 S. 783, Recht 1909 Nr. 22, z. T. a. M. RG. in LZ. 1909 S. 682, wo schon dann eine positive Vertragsverletzung angenommen wird, wenn die Brauerei bis zur gerichtlichen Entscheidung die Bezahlung des höheren Bierpreises verlangt.

[2] Bezüglich der Uumöglichkeit s. Ehrenbacher S. 36 ff., Schulze Kap. 16, Ueckermann S. 25 ff., Schülein S. 30, bezüglich des Verzugs Ehrenbacher S. 39 ff., Schulze Kap. 15, Ueckermann S. 16, Oetker S. 26 ff., Schülein S. 28.

[3] S. bei Ueckermann S. 33 unten.

[4] Staudinger § 323, 2, C S. 272 und § 325, 7, b S. 280.

[5] Oertmann § 325, 6, a S. 200.

Nach § 326 Abs. 1 S. 1 und 2 ist bei einem gegenseitigen Vertrag der nichtsäumige Teil bei Verzug des anderen Teils berechtigt, Schadenersatz wegen Nichterfüllung zu verlangen oder vom Vertrag zurückzutreten, wenn die Leistung nicht rechtzeitig erfolgt ist. Nach Satz 3 mit § 325 S. 1 und 2 und § 280 Abs. 2 kann, wenn die Leistung nur teilweise nicht bewirkt wird, der Gläubiger nach Ablehnung des noch möglichen Teils der Leistung Schadenersatz wegen Nichterfüllung verlangen oder vom ganzen Vertrag zurücktreten. Es ist nun zu prüfen, ob letztere Bestimmungen auch dann anzuwenden sind, wenn der Schuldner bei einem Sukzessivlieferungsvertrag mit einer Rate in Verzug gekommen ist. Die einzelnen Raten beim Sukzessivlieferungsvertrag sind nämlich keine Teilleistungen im Sinne des § 266 BGB., die Lieferung einer Einzelrate ist keine teilweise Erfüllung des Vertrages, sondern gerade die aus dem Inhalt des Schuldverhältnisses sich ergebende Leistung.[1]) Daraus folgt nicht nur, daß die einzelnen Raten durchaus selbständig sind und daher auch ein verschiedenes rechtliches Schicksal haben können, daß also bezüglich der einen Erfüllung, bezüglich der anderen Rücktritt geltend gemacht werden kann,[2]) sondern auch, daß eine *unmittelbare* Anwendung des § 326 Abs. 1 S. 3 nur insoweit in Frage kommen kann, als die einzelne Rate teilweise nicht bewirkt wird, nicht aber auch insofern, daß die Nichterfüllung einer ganzen Rate als teilweise Nichterfüllung des *ganzen* Vertrages erachtet werden könnte. Daraus könnte man einerseits folgern, daß die Bestimmungen des § 326 Abs. 1 überhaupt nur für jede einzelne Rate Anwendung finden, daß aber der Verzug mit einer Rate, die noch nicht fälligen übrigen Raten nicht berührt.[3]) Dies würde aber der Natur des Sukzessivlieferungsvertrages als eines einheitlichen Vertrages widersprechen und kann nur für den Fall Geltung haben, daß zwischen denselben Personen mehrere *selbständige* Geschäfte abgeschlossen werden.[4]) Dieser Schluß ist daher auch nirgends gezogen worden. Dagegen wurde umgekehrt aus der Nichtanwendung des § 326 Abs. 1 in Verbindung mit der Einheitlichkeit des Sukzessivlieferungsvertrages der Satz abgeleitet, daß im Verzug mit einer Rate *ohne weiteres* auch der Verzug mit der ganzen Vertragsleistung gelegen sei, und daß daher für die Geltendmachung der Rechte aus § 326 in bezug auf den ganzen Vertrag der Nachweis eines mangelnden In-

[1]) *Staudinger* § 266, 4, a S. 107, *Staub* § 373[36], *Düringer-Hachenburg* Bd. II Anm. 246 S. 161.

[2]) *Staub*, Exk. § 374[145], *Düringer-Hachenburg* A. 246 S. 161.

[3]) *Oetker* S. 30.

[4]) *Staub*, Exk. § 374[145], *Düringer-Hachenburg* A. 246 S. 161, RG. in JW. 1911 S. 216[16], s. auch *Oertmann* Vorbem. vor § 433, A, 2, b S. 373.

teresses an der Teilleistung nicht erforderlich sei.[1]) Diese Ansicht ist jedoch, meines Erachtens mit Recht, lebhaft bekämpft worden;[2]) denn wenn auch die einzelnen Raten beim Sukzessivlieferungsvertrag keine Teilleistung im eigentlichen Sinne bilden, sondern jede Rate die einheitliche in Abschnitte geteilte Leistung aus dem Vertrag darstellt,[3]) so ist doch der in § 320 Abs. 1 ausgesprochene Rechtsgedanke, daß Verzug mit einem Teil der Leistung nicht ohne weiteres, sondern nur bei vorliegendem Interesse des Gläubigers die Verzugsfolgen für den ganzen Vertrag auslösen soll, auch bei ratenweiser Erfüllung eines Sukzessivlieferungsvertrages in vollem Umfang zutreffend, so daß eine analoge Anwendung der Bestimmungen des § 326 Abs. 1, 325 Abs. 1 S. 2, § 280 Abs. 2 nicht nur möglich, sondern auch geboten ist. Nun macht zwar das Reichsgericht[4]) geltend, daß der Sukzessivlieferungsvertrag, der gewöhnlich die Lieferung einer größeren Menge von Waren innerhalb längerer Fristen zum Gegenstand hat und dazu dienen soll, den geschäftlichen Unternehmungen der Vertragsschließenden für eine gewisse Dauer eine feste Grundlage zu geben, in höherem Maße das Vertrauen auf sichere und pünktliche Erfüllung der wechselseitigen Verbindlichkeiten bedingt, als dies bei einfachen Verträgen der Fall zu sein pflegt und daß der Verzug mit der Leistung einer einzelnen Rate daher hinreichen könne, das Vertrauen auf die Sicherheit und Pünktlichkeit der Leistung späterer Raten und damit die Grundlage des ganzen Vertrages zu erschüttern. Diese Erwägungen können im Einzelfall wohl zutreffen; allein wenn dem nichtsäumigen Teil wegen des Verzugs mit einer Rate nicht mehr zugemutet werden kann, zuzuwarten, ob nicht die künftigen Leistungen pünktlich geliefert werden, z. B. weil der Wirt sich sofort anderweitig Bier verschaffen muß und dies nur durch Abschluß eines neuen Bierlieferungsvertrages mit einem anderen Brauer möglich ist, so ist auch der Nachweis nicht schwierig, daß er an den weiteren Lieferungen kein Interesse mehr hat. Kann er aber diesen Nachweis nicht erbringen, so ist hier so wenig wie bei den eigentlichen Teilleistungen ein Grund ersichtlich, warum der nichtsäumige Teil auch bezüglich der künftigen Raten sollte zurücktreten dürfen. Er kann also wegen Verzugs mit einer Rate nur dann vom Vertrag zurücktreten, wenn er dartut, daß es im konkreten Falle ungerechtfertigt erscheint, wenn

---

[1]) So insbesondere Staub, Erk. § 374 [136] im Anschluß an RG. 58, 419 und 61, 130, Oertmann § 326, 3, a (wenigstens dann, wenn auf Grund des Sukzessivlieferungsvertrags vor Eintritt des Verzuges noch keine Raten geleistet wurden), ferner auch RG. 76, 150, wenn nicht die noch ausstehende Teilleistung ganz unerheblich ist.

[2]) Hachenburg LZ. 1907 Nr. 1, Cäsar Holdheim S. 31 ff.

[3]) Staub, Erk. § 374 [136].

[4]) RG. 58, 422.

er warten müßte, ob es dem säumigen Teil beliebe, den Vertrag künftighin pünktlich zu erfüllen.[1])

Neben Verzug und Unmöglichkeit kommt, wie bekannt, noch eine dritte Art der Verletzung der Vertragspflichten in Betracht, nämlich die durch positive vertragswidrige Handlung.[2]) Solche positive Vertragsverletzungen kommen auch beim Bierlieferungsvertrag vor, beispielsweise dann, wenn, wie schon erwähnt, der Brauer die Weiterlieferung des Bieres von einer unberechtigten Bierpreiserhöhung abhängig macht, oder wenn er vertragswidrig an andere Wirte desselben Bezirks Bier liefert, obwohl er dem Wirt das alleinige Ausschankrecht zugesagt hat,[3]) usw.

Den Hauptfall, der in Praxis und Rechtsprechung eine erhebliche Rolle spielt, bildet die Lieferung mangelhaften Bieres durch den Brauer. Was unter mangelhaftem Bier zu verstehen ist, ist im einzelnen Falle unschwer zu entscheiden und soll hier nicht näher erörtert werden.[4]) Häufig findet sich in den Bierlieferungsverträgen die ausdrückliche Bestimmung, daß die Brauerei verpflichtet ist, nur erstklassiges oder tadelloses Bier zu liefern.[5]) Eine derartige Klausel stellt nicht eine Bedingung des Bierlieferungsvertrages dar,[6]) deren Nichteintritt die Auflösung des Vertrages zur Folge hätte, da sie ja nichts weiter enthält, als die Vertragspflicht des einen Kontrahenten.[7]) Sie bedeutet auch nicht die Zusicherung einer besonderen Eigenschaft, so daß der Brauer nicht wie sonst Bier von mittlerer Art und Güte zu leisten hätte (§ 243 BGB., § 360 HGB.), sondern Bier von besonderer Qualität. Sie ist vielmehr nichts weiter als die ausdrückliche, sichtbare Hervorhebung einer selbstverständlichen Verpflichtung des Brauers und dient daher im Grund nur zu einer gewissen Beruhigung des Wirtes, der angesichts der vielen, im Vertrage übernommenen Pflichten auch gerne eine Verpflichtung des Brauers im Vertrag sehen möchte.[8])

Was nun die Frage angeht, welche Rechtsbehelfe dem Wirt bei mangelhafter Lieferung des Brauers zustehen, so ist zu unterscheiden zwischen jenen, welche sich auf die einzelne mangelhafte Rate beziehen und jenen, welche den Bierlieferungsvertrag in seiner Gesamtheit ergreifen.

---

[1]) Hachenburg a. a. O., Düringer-Hachenburg A. 401 S. 278, RG. bei Holdheim 1907 S. 175 (Rücktritt „nach Lage der Umstände") und endlich auch Oetker S. 34.

[2]) Düringer-Hachenburg A. 383 S. 266, RG. 54, 98 und 57, 115.

[3]) Oetker S. 40.

[4]) Vgl. Schulze S. 7 und 17, Ehrenbacher S. 27 u. a., ferner RG. in Recht 1905 Nr. 1433 (die Sendung muß nicht sofort in gebrauchsfähigem Zustand sein), Brauer- und Hopfenzeitung 1905 S. 1369 (Transport) und 1909 S. 3256 (Mangelhaftigkeit einzelner Fässer).

[5]) S. z. B. RG. 63, 390, ObLG. V, 295.

[6]) So OLGRspr. 4, 205, Hamm, Brauer- und Hopfenzeitung 1905 S. 2975.

[7]) RG. in Recht 1906 Nr. 2483.

[8]) Pohl S. 38.

Die Rechtsbehelfe gegenüber der einzelnen Rate ergeben sich in erster Linie aus der rechtlichen Natur des Bierlieferungsvertrages als Gattungskaufs, also aus § 459 ff. BGB. Der Wirt hat sohin gegenüber dem Brauer folgende Rechte:[1])

1. Er kann die mangelhafte Rate zurückweisen und Lieferung mangelfreier Ware verlangen (§ 480 Abs. 1 BGB.).

2. Er kann wegen der mangelhaften Rate Wandelung oder Minderung verlangen (§§ 459, 462 ff. BGB.).

3. Neben diesen Gewährleistungsansprüchen hat der Wirt bezüglich der einzelnen Raten auch noch diejenigen Ansprüche, welche sich aus den allgemeinen Grundsätzen des Vertragsrechtes bei schuldhafter Verletzung von Vertragspflichten ergeben. Daß ein derartiger Schadenersatzanspruch, der entweder aus den allgemeinen Grundsätzen des BGB. oder speziell aus § 276 BGB. abgeleitet wird, neben den Gewährleistungsansprüchen besteht, kann als feststehend angenommen werden. Es ist dies der sogenannte Schadenersatz wegen positiver Vertragsverletzung.[2]) Dieser besteht auch bei mangelhafter Gattungssache.[3])

4. Der Wirt kann die mangelhafte Rate zurückweisen und gegen den Brauer unter Setzung einer angemessenen Frist das Recht aus dem Erfüllungsverzug nach § 326 BGB. bezüglich dieser Rate geltend machen.

Schwieriger ist die Frage, welche Wirkungen die mangelhafte Lieferung einer oder mehrerer Raten für den Bestand des ganzen Bierlieferungsvertrages hat.

Zunächst ist darauf einzugehen, ob die Wandelung wegen einer einzelnen Rate zur Wandelung des ganzen Sukzessivlieferungsvertrages führen kann.[4]) Dies ist im allgemeinen zu verneinen.[5]) Maßgebend ist hier § 469 BGB., der auch bei Sukzessivlieferungsverträgen mindestens analog anwendbar ist, da es keinen Unterschied machen kann, ob nur Teile einer einzelnen Lieferungsrate oder ganze Lieferungsraten des einheitlichen Sukzessivlieferungsvertrages mangelhaft sind.[6]) Danach steht, wenn bei vereinbarter Ratenlieferung eine Teilleistung mangelhaft ist, dem Käufer der Wandelungsanspruch nur hinsichtlich des mangelhaften Teiles, nicht auch bezüglich der noch nicht gelieferten Teile zu, es müßte denn sein, daß die ganze Vertragsleistung in dem Sinne wirtschaftlich unteilbar ist, daß nach Wandelung des mangelhaften Teiles der Leistung der Bezug des Restes allein mit wirtschaftlichem Nachteil für den Käufer verbunden wäre. Dies

[1]) S. dazu Staub, Exk. § 374 [179], RGRKomm. § 325, 6 S. 271.

[2]) Staub, Exk. § 377 [49, 100], Düringer-Hachenburg A. 382 S. 265, Oertmann § 276, 5, Oetker S. 45/46, Ueckermann S. 30 ff., RG. 52, 18, 53, 201, 63, 297.

[3]) RG. 56, 166 (169), OLG. Rspr. 8, 441.

[4]) Vgl. Oetker S. 49.

[5]) S. auch Naumburg Recht 1903 Nr. 1540.

[6]) Staudinger § 469, I, 1, d S. 707, Ehrenbacher S. 48.

ist beim Bierlieferungsvertrag nicht der Fall, da die einzelnen Bierlieferungen zusammen keinen höheren wirtschaftlichen Wert darstellen, als die Summe der einzelnen Lieferungen.

Dagegen haben wir bereits festgestellt, daß der Verzug mit einer einzelnen Rate unter Umständen auch die Verzugsfolgen hinsichtlich des ganzen Vertrags begründen kann. Dies ist natürlich auch dann der Fall, wenn der Wirt die einzelne mangelhafte Rate zurückgewiesen hat und der Brauer dann mit dieser Rate in Verzug kommt. Hier kann sich dann unter den bereits erörterten Voraussetzungen aus dem Verzug mit der einzelnen Rate für den Wirt das Recht ergeben, Schadenersatz wegen Nichterfüllung des ganzen Vertrages zu verlangen oder vom ganzen Vertrag zurückzutreten.[1])

Es besteht eine immer noch verbreitete Ansicht, daß mit den bisher aufgezählten Rechtsbehelfen die Rechte erschöpft sind, welche dem Wirt aus der mangelhaften Lieferung einer oder mehrerer Raten erwachsen.[2]) Danach soll durch die Gewährleistungsansprüche einerseits und durch die im Falle von Unmöglichkeit und Verzug andererseits gewährten Rechte die Materie erschöpfend geregelt sein, so daß keine Möglichkeit und kein Bedürfnis besteht, darüber hinaus dem Käufer bei mangelhafter Lieferung noch weitere Rechte zuzugestehen. Daß dem nicht so ist, ergibt sich schon daraus, daß gerade beim Bierlieferungsvertrag die Rechtsprechung durch die Bedürfnisse der Praxis dazu geführt wurde, dem Wirt unter gewissen Voraussetzungen auch dann ein Rücktrittsrecht vom Bierlieferungsvertrag einzuräumen, wenn die bisher erörterten Rechtsbehelfe nicht zu diesem Ziele führten.[3]) Die wirtschaftlichen Gründe für dieses Bedürfnis ergeben sich sowohl aus der allgemeinen Natur des Sukzessivlieferungsvertrages,[4]) dann aber auch aus den besonderen Verhältnissen des Bierlieferungsvertrages. Denn wie das Reichsgericht an anderer Stelle ausführt,[5]) ist beim Bierlieferungsvertrag durch die Verpflichtung des Wirtes, alles Bier seiner Wirtschaft auf Jahre hinaus von einer bestimmten Brauerei zu beziehen, dessen ganzes wirtschaftliches Fortkommen während dieser Zeit von der ordnungsmäßigen Vertragserfüllung seitens des Brauers, durch die Lieferung guten Bieres, bedingt. Dazu kommt, daß beim Bierlieferungsvertrag eine einmal erfolgte schlechte Lieferung nicht nur für die Zeit, in welcher der Wirt auf sie angewiesen ist, einen ordnungsmäßigen erfolgreichen Wirt-

---

[1]) So auch Staub, Erk. § 374[170], ObLG. II, 373.

[2]) Oertmann, LPR. § 49, V (vgl. aber Oertmann, BGB. § 325, 6), Ehrenbacher S. 46 ff., Pohl S. 44 ff., 49, Dernburg, DJZ. 1903 S. 1 ff. und Bd. 2 § 180 III S. 46, s. aber auch Dernburg Bd. 2 § 98 S. 241, Ueckermann S. 34.

[3]) S. Staub, Erk. § 374[172], Pohl S. 45 ff., RG. 57, 115 ff.

[4]) S. die oben erwähnte Entscheidung, RG. 58, 422.

[5]) Urteil 17 XII. 1901. JW. 1902 S. 80[15].

schaftsbetrieb unwiderruflich ausschließt, sondern auch durch die Einwirkung auf die Kundschaft dauernden Schaden anrichten kann.

Aus diesen Gründen ist dem Wirt häufig nicht damit gedient, wenn er nur die einzelnen mangelhaften Raten beanstanden kann; er muß das Recht haben, unter gewissen Voraussetzungen bei mangelhafter Lieferung von dem ganzen Vertrag loszukommen. Dieses Bedürfnis der Praxis hat zur Ausbildung des Rücktrittsrechts wegen positiver Vertragsverletzung geführt, das zuerst von Staub in der bekannten Festschrift zum 26. Deutschen Juristentag 1902 formuliert wurde und heute als für die Praxis feststehend keiner weiteren Begründung bedarf.[1]) Auch auf die rechtliche Begründung des Rücktrittsrechts soll nicht näher eingegangen werden. Bemerkt sei nur, daß die von der Rechtsprechung anfangs bevorzugte Annahme einer stillschweigenden Bedingung heute nicht mehr aufrecht erhalten wird, wie ja auch beim Bierlieferungsvertrag ein derartiges Rücktrittsrecht sicher nicht im Willen der Parteien, insbesondere des Brauers gelegen ist.[2]) Von den übrigen Begründungen kommt heute nur mehr in Frage, ob der Rücktritt wegen positiver Vertragsverletzung auf die analoge Anwendung des § 325 BGB. oder des § 326 BGB. gestützt wird.

Welche von beiden Bestimmungen heranzuziehen ist, ist jedoch nur von Bedeutung wegen der in der Regel nach § 326, nicht aber nach § 325 notwendigen Fristbestimmung. Im übrigen aber gewähren beide im Ergebnis übereinstimmende Rechte.[3])

Dieses Ergebnis stellt sich auf Grund der Literatur und Rechtsprechung folgendermaßen dar: In der vom Brauer verschuldeten Lieferung einer oder mehrerer mangelhafter Raten liegt dann eine positive Vertragsverletzung, wenn sich die mangelhafte Lieferung nach Lage des Falles als so wesentlich darstellt, daß dem vertragstreuen Teil bei billiger Beurteilung die Fortsetzung des Vertrages nicht mehr zugemutet werden kann, d. h. mit anderen Worten, wenn sie den Vertragszweck gefährdet.[4]) In einem solchen Falle begründet eben die mangelhafte Leistung der einzelnen Rate nicht nur eine Verletzung des Rechtes auf diese Leistung, sondern zugleich eine Verletzung des ganzen, die verschiedenen Leistungen umfassenden Schuldverhältnisses.[5])

Es muß also in erster Linie eine w e s e n t l i c h e Vertragsverletzung vorliegen. Dies ist nicht der Fall, wenn es sich bei der einzelnen Rate nur um unerhebliche Beanstandungen handelt (z. B. sind nur einige Fässer mangelhaft, oder der Mangel selbst

---

[1]) Vgl. RG. 54, 98, 57, 115, 67, 5, Recht 1909 Nr. 1279, S t a u d i n g e r Vorbem. § 241, 5, c, β, § 275, III, 2, § 276, III, b, Vorbem. § 323, V, § 325, 7, § 326, VIII, § 440, I, B, 3, a, δ, RGRKomm. § 325, 6, O e t k e r S. 54, wegen der Begründung auch U e c k e r m a n n S. 32 ff.

[2]) Vgl. D e r n b u r g, DJZ. 1903 S. 1 ff. u. a.

[3]) S t a u d i n g e r § 325, VIII S. 289 und § 325, 7, O e r t m a n n § 325, 6, c.

[4]) S t a u b, Exk. § 374 [178], RG. 57, 115, 63, 297.

[5]) S t a u d i n g e r § 276, III, b, RG. 54, 102.

ist unerheblich).[1]) Außerdem muß aber die schuldhafte Verletzung der einzelnen Lieferungsrate auch für den ganzen Bierlieferungsvertrag so wesentlich sein, daß der Vertragszweck gefährdet und dem vertragstreuen Teil die Fortsetzung des Vertrages nicht mehr zugemutet werden kann. Ob hierin nur eine verschiedene Formulierung desselben Gedankens liegt, wie Staub annimmt, oder ob es auch Fälle gibt, wo ohne Gefährdung des Vertragszwecks dem anderen Teil eine Fortsetzung des Vertrages nicht zugemutet werden kann, wie Enneccerus meint,[2]) ist ohne praktische Bedeutung, da auch Enneccerus in beiden Fällen das Recht aus der positiven Vertragsverletzung gibt. Wann die hier bezeichneten Voraussetzungen vorliegen, und dem Wirt die Fortsetzung des Bierlieferungsvertrages nicht mehr zugemutet werden kann, ist nur nach Lage des einzelnen Falles zu beurteilen. Immerhin lassen sich gewisse Richtlinien feststellen, welche für die Beurteilung einen Anhalt bieten. Die erste Frage ist die, ob schon die einmalige mangelhafte Lieferung einer einzigen Rate eine so wesentliche Vertragsverletzung darstellt, daß dem Wirt die Fortsetzung des Vertrages nicht mehr zugemutet werden kann. In einzelnen Entscheidungen wird dieser Standpunkt vertreten, da beim Bierlieferungsvertrag ein ganz besonderes Interesse des Wirtes an gleichmäßiger, ordnungsmäßiger Bierlieferung besteht.[3]) Diese Ansicht hat jedoch mit Recht als zuweitgehend keine Billigung gefunden. Eine andere Meinung geht dahin, daß bei langfristigen Bierlieferungsverträgen die mangelhafte Lieferung einer einzelnen Rate auf keinen Fall eine wesentliche Vertragsverletzung bildet, sondern daß es immer einer wiederholten und andauernden vertragswidrigen Lieferung bedürfe, um für den Wirt das Rücktrittsrecht zu begründen.[4]) Richtig ist wohl die als herrschend zu bezeichnende Mittelmeinung, daß auch die mangelhafte Lieferung einer einzelnen Rate grundsätzlich zur Auflösung des ganzen Bierlieferungsvertrages führen kann, aber nur dann, wenn schon diese einmalige mangelhafte Leistung den Zweck des ganzen Vertrages gefährdet.[5]) Dies gilt auch dann, wenn die einmalige Verletzung an sich einen erheblichen wirtschaftlichen Nachteil für den Wirt nicht mit sich bringt.[6]) Eine solche wesentliche Vertragsverletzung kann in der mangelhaften Lieferung einer einzelnen Rate aus verschiedenen Gründen gelegen sein. Entweder die Man-

---

[1]) RG. 63, 297, 76, 150, BadRpr. 1908 S. 285, Henle S. 39.

[2]) § 278, III, 3, Anm. 10, s. auch Staudinger § 276, III, der sich ihm anschließt.

[3]) Vgl. die schon erwähnte Entscheidung des RG. in JW. 1902 S. 80[15], Hamm, Brauer- und Hopfenzeitung 1905 S. 2975, 1906 S. 2262.

[4]) RG. 63, 297 (das aber besondere Umstände vorbehält). Hamburg, Recht 1907 Nr. 3467 (hier hat die schlechte Lieferung sogar 1 1/2 Wochen gedauert), dann Brauer- und Hopfenzeitung 1906 S. 2489, 1907 S. 3628.

[5]) Staub, Exk. § 374[175, 181, 188], Staudinger § 440, I, a, Oertmann § 325, 6, c.

[6]) RG. in JW. 1906 S. 299[8].

gelhaftigkeit der Rate ist eine so schwere, die Möglichkeit einer Verbesserung ausschließende, daß der Wirt nicht darauf rechnen kann, daß künftige Raten besser ausfallen und daß er daher im Interesse der Aufrechterhaltung seines Wirtschaftsbetriebes gezwungen ist, sich nach anderweitigen Bezugsquellen umzusehen. [1]) Oder aber der Wirt ist durch die Lieferung des mangelhaften Bieres genötigt, seinen Bedarf sofort anderweitig zu decken, da ihm nicht mehr rechtzeitig gutes Bier nachgeliefert werden kann und er kann sich dieses Bier nur durch Abschluß eines Bierlieferungsvertrages mit einem anderen Brauer verschaffen. [2]) Im allgemeinen wird jedoch die einmalige und vorübergehende Lieferung vertragswidrigen Bieres noch keine so wesentliche Vertragsverletzung darstellen, daß dem Wirt wegen der Beanstandung der einzelnen Rate eine Fortsetzung des ganzen Vertrages nicht zugemutet werden kann. Es wird vielmehr in der Regel wiederholter schuldhafter Vertragsverletzungen bedürfen, damit der Vertragszweck als ernstlich gefährdet erscheint. [3])

Allein auch bei andauernd schlechter Lieferung ist zu beachten, daß eine Gefährdung des Vertragszwecks nicht nur objektive Merkmale verlangt, sondern daß auch aus dem Verhalten des Wirtes hervorgehen muß, daß er selbst den Vertragsverletzungen erhebliche Bedeutung beilegt. [4]) Hier kommt in erster Linie in Frage, daß der Bierlieferungsvertrag ein Kaufvertrag ist, und zwar ein Handelskauf [5]) und daß daher die einzelnen Raten gemäß § 377 HGB. nach Ablieferung soweit tunlich zu untersuchen sind und wenn sich ein Mangel zeigt, dem Verkäufer unverzüglich Anzeige gemacht werden muß. [6]) Unterläßt der Wirt diese Anzeige, so gilt die Ware als genehmigt. (§ 377 Abs. 2.) Diese Mängelrüge ist nicht nur Voraussetzung für die Erhebung der Gewährleistungsansprüche, sondern auch für die allgemeinen Ansprüche aus schuldhafter Verletzung, also auch für die Ansprüche aus positiver Vertragsverletzung. [7]) Aus Raten, welche nicht rechtzeitig gerügt wurden und daher als genehmigt zu gelten haben, kann daher eine positive Vertragsverletzung nicht abgeleitet werden. [8]) Doch ist einmal in der bloßen Annahme

---

[1]) Naumburg, Recht 1903 Nr. 1540, RG. 67, 5 und LZ. 1910 S. 472, Oetker S. 52, s. auch Düringer-Hachenburg Anm. 386 S. 269 und Anm. 201 S. 278, Staudinger a. a. O., Enneccerus § 278, III.

[2]) Vgl. Enneccerus a. a. O. und Staub, Exk. § 374 [188].

[3]) Staub, Exk. § 374 [177, 182, 188], Staudinger § 326, VIII, Oertmann § 325, 6, c S. 201, RG. 57, 115 und 63, 297, BadRspr. 1901 S. 82 und 1902 S. 298.

[4]) Vgl. Staub, Exk. § 374 [174].

[5]) Über diese Frage Ueckermann S. 10.

[6]) Über die Ausübung dieser Pflicht, insbesondere darüber, daß nur die jeweils in Gebrauch genommenen Fässer untersucht werden müssen, vgl. Schulze S. 27, Ueckermann S. 28, Schülein S. 36.

[7]) Vgl. Staub § 377 [103].

[8]) Staub, Exk. 374 [188], Staudinger a. a. O., Henle S. 39, RG. 57, 105, 65, 49, JW. 1908 S. 7 [7], LZ. 1910 S. 472.

und Zahlung der Rate noch keine Genehmigung zu finden,[1]) außerdem können auch nicht gerügte mangelhafte Lieferungen herangezogen werden, um bei abermaliger schlechter Lieferung die Annahme zu begründen, daß künftighin vertragsmäßige Lieferungen nicht mehr zu erwarten sind.[2]) Abgesehen von der Mängelrüge des § 377 HGB. erfordern aber bei langfristigen Bierlieferungsverträgen Treu und Glauben, daß sich der Wirt mit der Beanstandung der einzelnen Rate nicht begnügt, sondern daß er seine Absicht, wegen der andauernden schlechten Lieferung vom ganzen Vertrag zurückzutreten, dem anderen Teil zur Kenntnis bringt, damit dieser daraus entnehmen kann, daß der Wirt den mangelhaften Lieferungen so erhebliche Bedeutung beilegt, daß er sich bei Fortsetzung derartiger Lieferungen an den ganzen Vertrag nicht mehr gebunden halten will. Erst wenn der Wirt, von besonderen Fällen abgesehen, auch diese allgemeine Androhung an den Brauer gerichtet hat und trotzdem keine Abhilfe erfolgt, kann er von seinen Rechten aus der positiven Vertragsverletzung Gebrauch machen.[3]) Diese Androhung tritt an die Stelle der Fristbestimmung, die hier, sei es wegen der Anwendung des § 325 BGB., sei es im Hinblick auf § 326 II BGB. nicht erforderlich ist.[4])

Die Rechte, welche dem Wirt wegen positiver Vertragsverletzung nach § 325, 326 BGB. zustehen, sind Schadenersatz wegen Nichterfüllung und Rücktritt vom Vertrag. In der Praxis kommt nur der Rücktritt in Frage, da es ja gerade der vom Wirt angestrebte Zweck ist, von dem noch lange dauernden Vertrag auf Grund der positiven Vertragsverletzung loszukommen. Dieses Rücktrittsrecht weist nun die Besonderheit auf, daß es in vielen Fällen nicht zur Auflösung des ganzen Vertragsverhältnisses auch für die Vergangenheit führt, wie es an sich dem Wesen des Rücktritts und den §§ 346 ff. entsprechen würde. Sind nämlich vor Eintritt der positiven Vertragsverletzung schon verschiedene Raten geliefert und bezahlt, so besteht nicht nur kein Interesse des Wirtes daran, auch diese Raten aufzuheben, sondern es ist dies meist auch gar nicht mehr möglich. In solchen Fällen erstreckt sich die Wirkung des Rücktrittes nach dem Willen der Parteien nur auf die beanstandete Rate und auf die künftigen, noch nicht gelieferten Raten. Eine derartige Beschränkung des Rücktritts ist an sich nach den Grundsätzen der Vertragsfreiheit zweifellos zulässig. Der Parteiwille, den Vertrag nur ex nunc zu lösen, geht den dispositiven gesetzlichen Bestimmungen vor.[5]) Es ist aber nicht zu

---

[1]) Staub und Staudinger a. a. O., RG. 57, 105.

[2]) Staub a. a. O., RG. 65, 49, JW. 1908 S. 7[7].

[3]) So Staub, Exk. § 374[188], Staudinger § 326, VIII, RG. 63, 297 („Beschwerde") und LZ. 1910 S. 463, s. auch ObLG. II, 373.

[4]) Staudinger a. a. O., Oetker S. 54, RG. in Recht 1907 Nr. 1793.

[5]) Ueckermann S. 38, Oetker S. 32, Cäsar S. 31 und 53, Dernburg § 107, VI S. 268.

verkennen, daß das auf diese Art modifizierte Rücktrittsrecht sich in seiner Wirkung kaum mehr unterscheidet von dem im vorneherein nur für die Zukunft wirkenden außerordentlichen Kündigungsrecht, wie es das BGB. für die sogenannten Dauerverträge in verschiedenen Bestimmungen gewährt hat. (§§ 553—555, 626, 723 BGB., §§ 70, 92, 133 HGB.) Auch der Bierlieferungsvertrag ist ein Dauervertrag, d. h. er ist ein auf die Dauer berechneter Vertrag, der zwischen den Vertragschließenden ein festes dauerndes Rechtsverhältnis begründet. Ein wesentlicher Unterschied zwischen ihm und den Mietverträgen, Dienstverträgen usw. besteht in dieser Hinsicht nicht.[1]) Infolgedessen liegt es nahe, zu sagen, daß auch das Rücktrittsrecht des Wirtes wegen positiver Vertragsverletzung im Grunde nichts anderes ist, als die außerordentliche Kündigung wegen wichtigen Grundes und daß daher seine rechtliche Begründung nicht in den §§ 325, 326 BGB., sondern in dem in den zahlreichen gesetzlichen Bestimmungen über die Kündigung bei Dauerverträgen niedergelegten Grundsatz, daß bei den auf die Dauer berechneten Verträgen jeder Teil wegen wichtigen Grundes sich vom Vertrag losmachen kann. Diese Folgerung hat Müller-Erzbach in einem Aufsatz in der deutschen Juristenzeitung[2]) gezogen und ausgeführt, daß nicht das Rücktrittsrecht, sondern das Kündigungsrecht bei Sukzessivlieferungsverträgen das gegebene Mittel für die Aufhebung des Vertrages sei; denn die Kündigung wirke ihrem Wesen nach für die Zukunft, der Rücktritt aber für die Vergangenheit.[3]) Außerdem ergebe sich aus dem Kündigungsrecht von selbst die Voraussetzung, daß ein einmaliges vertragswidriges Verhalten in der Regel nicht zur Auflösung des Vertrages führe, während dies dem Wesen des § 326 BGB., der ein einmaliges Verhalten im Auge habe, nicht entspreche. Die Ausführungen Müllers haben vielfach Beachtung und auch Zustimmung gefunden.[4]) Auch das Reichsgericht hat neuerdings in einem Fall, wo sich ein Blumenhändler zum dauernden Bezug seines Bedarfs von einer Kunstgärtnerei verpflichtete, aus den oben erwähnten Bestimmungen über die Auflösung von Dauerverträgen einen allgemeinen Rechtsgrundsatz über ein außerordentliches Kündigungsrecht bei derartigen Verträgen gefolgert.[5]) Von anderer Seite wird dagegen die Ansicht Müllers abgelehnt.[6]) Auch ich möchte annehmen, daß die von Staub vertretene Anschauung um dessentwillen den Vorzug verdient, weil doch das wesentliche der rechtlichen Natur der Sukzessivlieferungsverträge in ihrer Eigenschaft als Kaufverträge, nicht

[1]) So Cäsar S. 34 gegen Oetker S. 15, 52.

[2]) 1904 S. 1158.

[3]) Vgl. RGRKomm. § 346, 1.

[4]) Dernburg § 180, III S. 46, Oertmann § 326, 6, c und Vorbem. vor § 346, 1.

[5]) RG. 78, 385.

[6] S. Ueckermann S. 37, Oetker S. 52.

als Dauerverträge beruht, diese letztere Eigenschaft vielmehr nur eine besondere Art des Kaufvertrages begründet. Wenn aber die aus den Bedürfnissen der Praxis hervorgegangene und diesen angepaßte Lehre von den Folgen einer positiven Verletzung dieser Verträge in ihrer weiteren Ausgestaltung sich schließlich dem Wesen und der Wirkung nach mit jenen Rechtsbehelfen deckt, welche das Gesetz für die Auflösung von Dauerverträgen gegeben hat, so ist dies durchaus natürlich und eine Bestätigung dafür, daß die theoretische Gestaltung des Rücktrittsrechts tatsächlich den Bedürfnissen der Praxis entspricht, wie sie das Gesetz selbst für andere Dauerverträge ausdrücklich anerkannt hat. Die Möglichkeit der analogen Anwendung der Bestimmungen über das außerordentliche Kündigungsrecht bildet also eine weitere Stütze für die Richtigkeit und Zweckmäßigkeit der von Staub aufgestellten Lehre vom Rücktritt wegen positiver Vertragsverletzung bei Sukzessivlieferungsverträgen.[1])

Zum Schluß ein Wort darüber, ob es möglich ist, das Rücktrittsrecht wegen positiver Vertragsverletzung im vornherein vertragsmäßig auszuschließen, wie es mancherseits versucht worden ist.[2]) Dies ist meines Erachtens unbedingt zu verneinen. Denn das Rücktrittsrecht ist gerade aus dem Gedanken entwickelt, daß der vertragstreue Teil wenigstens dann vom Vertrag soll loskommen können, wenn ihm dessen Einhaltung nicht zugemutet werden kann. Die Möglichkeit eines vertragsmäßigen Ausschlusses dieses Rechts würde dasselbe illusorisch machen und die wirtschaftliche Existenz des Wirtes völlig in die Hände der Brauerei geben.[3]) Dies würde gegen die guten Sitten verstoßen. (§ 138 Abs. 1 BGB.) Der vertragsmäßige Ausschluß dieses Rechts muß daher aus denselben Gründen für unzulässig erachtet werden, wie das Reichsgericht den vertragsmäßigen Ausschluß der Kündigung aus wichtigem Grunde auch da abgelehnt hat, wo dies nicht ausdrücklich im Gesetz enthalten ist.[4])

II. Verbindung des Bierlieferungsvertrages mit anderen Verträgen, insbesondere dem Darlehensvertrag.

§ 5. Wirtschaftlicher Zusammenhang.

Bereits bei der Erörterung über die Begriffsbestimmung des Bierlieferungsvertrages wurde festgestellt, daß sich hier wie bei anderen Kaufverträgen als Leistung und Gegenleistung ausschließlich Lieferung der Ware und Kaufpreis gegenüberstehen. Die von

---

[1]) Vgl. Düringer-Hachenburg A. 373 S. 259 und Oertmann Vorbem. vor § 433 S. 373, welche beide Konstruktionen für möglich halten.

[2]) Vertragsformular in Brauer- und Hopfenzeitung 1908 S. 981.

[3]) Auch Karlsruhe, BadRspr. 1904 S. 90.

[4]) RG. 69, 365, 75, 234, LZ. 1911 S. 305.

der Praxis so bezeichnete Abnahmepflicht oder Bezugspflicht des Wirtes ist nichts weiter als die sich aus dem Kaufvertrag ergebende Verpflichtung des Wirtes zur Zahlung und Abnahme des Bieres unter besonderer Betonung der Quantität der Ware, über welche der Kaufvertrag abgeschlossen wurde, nämlich des gesamten Bierbedarfes einer bestimmten Wirtschaft während einer bestimmten Zeit. Wir haben auch bereits angedeutet, daß zwar nicht in den aus den Kaufverträgen entspringenden einzelnen Leistungen, wohl aber in dem Abschluß des ganzen Bierabnahmevertrags durch den Wirt für den Brauer ein Vermögenswert gelegen ist, welcher über die Summe der Kaufpreise für die einzelnen Bierlieferungen hinausgeht und daher Gegenstand besonderer Leistungen des Brauers sein kann. Dies ist nun weder eine Besonderheit des Bierlieferungsvertrages, noch der Sukzessivlieferungsverträge überhaupt. Der Fall liegt hier grundsätzlich nicht anders, als wenn bei sonstigen Kaufverträgen eine besonders große Menge von Ware abgenommen wird, oder wenn statt der genauen Bezeichnung der zu liefernden Menge der Kunde sich verpflichtet, während einer bestimmten längeren Zeit den ganzen Bedarf einer bestimmten Ware, dessen Höhe sich die Parteien mindestens schätzungsweise vergegenwärtigen, dem Verkäufer abzunehmen. Es ist zwar möglich, daß auch in derartigen Fällen der Lieferant andere Gegenleistungen als die ordnungsmäßige Lieferung seiner Ware nicht in Aussicht stellt, wenn auch der andere Teil an der regelmäßigen Lieferung ein erhebliches Interesse hat. (Man denke nur an die Lieferung selten vorkommender Rohstoffe usw.) Allein in der Regel wird sich hier das Interesse des Lieferanten an der langdauernden Abnahmepflicht in einem besonderen Gegenwert ausdrücken, der meistens in einer Ermäßigung des Kaufpreises für den Großabnehmer besteht (Rabatt usw.), in manchen Fällen aber auch in sonstigen Gegenleistungen. Ebenso liegt die Sache beim Bierlieferungsvertrag. Auch hier besteht ein lebhaftes Interesse des Brauers daran, sich einen möglichst großen und regelmäßigen Absatz seines Bieres zu sichern, der nicht nur bei gleichbleibenden Generalunkosten den Gewinn vermehrt, sondern auch gestattet, die Produktion im vornherein dem zu erwartenden Bedarf genau anzupassen. Demgegenüber steht bei den Abnehmern, von gewissen Ausnahmen abgesehen (z. B. Bezug beliebter, nur in beschränktem Umfang hergestellter Biere, wie Salvator), das entgegengesetzte Interesse, sich für den Bezug des Bieres möglichst freie Hand zu wahren. Denn bei der starken Konkurrenz leistungsfähiger Brauereien kann er seinen Bedarf an Bier jederzeit leicht decken, andererseits bleibt ihm dann die Freiheit, je nach der Konjunktur und dem Geschmack seiner Gäste und dem Ausfall des Bieres bei den einzelnen Brauereien jene Sorten Bier zu beziehen, von denen er sich das beste Geschäft verspricht. Es ist daher klar, daß der Abschluß eines Bierlieferungsvertrages für den Wirt ein wirtschaftliches Opfer und eine lästige Beschränkung seiner gewerblichen Freiheit bedeutet, die er nur dann aufzugeben bereit ist, wenn ihm eine entsprechende Gegenleistung gewährt wird. Diese Gegenleistung besteht aber bei den Bierlieferungsverträgen in der Regel nicht wie bei sonstigen Sukzessivlieferungsverträgen in Preisnachlässen. Diese verbieten sich meistens schon durch die Preisvereinbarung der Brauereien untereinander. Außerdem aber ist damit in einer großen Anzahl von Fällen auch dem Wirt nicht gedient, da es diesem nicht so sehr darauf ankommt, wieviel er für die einzelne Lieferung zu bezahlen hat, als darauf, daß er überhaupt in die Lage versetzt wird, eine Wirtschaft zu führen. Die Gegenleistung, welche die vielfach wirtschaftlich schwachen, mittellosen oder kreditunfähigen Wirte für die Eingehung der Bierbezugspflicht von der Brauerei beanspruchen, besteht daher in der Regel darin, daß ihnen diese den Beginn oder die Weiterführung ihres Wirtschaftsbetriebes ermöglicht, indem sie ihnen entweder nur Kredit zur Verfügung stellt, oder darüber hinaus ein Wirtschafts-Anwesen veräußert oder verpachtet. Dieses Bedürfnis der Wirte ist so allgemein, daß der reine Bierlieferungsvertrag in der Praxis fast überhaupt nicht vorkommt,[1]) und daß auch sonstige Gegenleistungen, welche nicht unmittelbar mit der Gründung oder Erhaltung der wirtschaftlichen Existenz des Wirtes zusammenhängen, nur in vereinzelten Fällen vorkommen. (Vgl. Vertrag über Anlegung eines Eiskellers auf Kosten der Brauerei RG. 76, 78.) In den weitaus meisten Fällen handelt es sich darum, daß die Brauerei dem Wirt gegen mehr oder minder große Sicherheit zu den auch sonst üblichen Bedingungen ein Darlehen gewährt, oder daß sie ihm ein ihr gehöriges Wirtschaftsanwesen veräußert, oder daß sie ihm mietweise Räume für die Ausübung seines Wirtschaftsbetriebes überläßt.[2]) Daneben kommen auch vor Verträge über die Übernahme einer Bürgschaft,[3]) Bereitstellung von Inventar,[4]) Erleichterung von Schuldenabzahlung[5]) usw.

Wenn in allen diesen Fällen neben dem Bierlieferungsvertrag zwischen der Brauerei und dem Wirt noch weitere Verträge abgeschlossen werden, so ist klar, daß diese Verträge nicht um ihrer selbst willen geschlossen werden. Die Brauerei ist weder ein

---

[1]) Vgl. Dr. Berndt, DJZ. 1909 S. 1158, Ueckermann S. 39, Schülein S. 46.

[2]) Welche Rolle insbesondere die Darlehensgewährung spielt, geht daraus hervor, daß nach Pohl S. 55 bei 38 rheinischen Brauereien mit einem Kapital von 61 668 000 *M* im Jahre 1904 39 453 984 *M* = 64 % des Aktienkapitals in Darlehen ausstanden, s. auch Schülein S. 47 für München.

[3]) ObLG. II, 290, 650.

[4]) Brauer- und Hopfenzeitung 1904, 679.

[5]) Brauer- und Hopfenzeitung 1909 S. 1040, s. auch die Zusammenstellung bei Ehrenbacher S. 55, 56.

Darlehensgeber, der ein Kapital zinsbringend ausleihen möchte und es zu diesem Zweck gegen eine relativ mäßige Zinsvergütung an wirtschaftlich schwach fundierte Wirte verleiht, sie vermietet die Lokale nicht um der Mietzinsen willen und verkauft die Grundstücke nicht, weil sie derselben nicht mehr bedarf. Der Zweck aller dieser Rechtsgeschäfte ist vielmehr immer der, das Absatzgebiet für ihre Bierproduktion zu erhalten und zu erweitern, sich neue dauernde Abnehmer zu sichern. Sie schließt diese Geschäfte also ab um der Bierbezugspflicht des Wirtes willen.[1])

Wenn nun auch feststeht, daß zwischen dem Bierlieferungsvertrag und den erwähnten Darlehensverträgen usw. ein enger wirtschaftlicher Zusammenhang besteht, so ist damit noch nicht gesagt, daß dieser wirtschaftliche Zusammenhang auch ein rechtlicher ist, und, wenn dies der Fall sein sollte, welcher Art dieser rechtliche Zusammenhang ist. Denn auch bei wirtschaftlicher Zusammengehörigkeit steht es der Vertragsfreiheit der Parteien anheim, ob sie den wirtschaftlichen Zusammenhang zu einem rechtlichen gestalten wollen oder nicht.[2]) Bei Erörterung dieser Frage soll der Einfachheit halber in der Hauptsache nur der Vertrag besprochen werden, welcher in der Praxis am meisten vorkommt, der Darlehensvertrag. Die Ergebnisse, welche hiebei gewonnen werden, gelten jedoch auch für die übrigen, mit dem Bierlieferungsvertrage verbundenen Verträge, von deren besonderer Darstellung hier abgesehen werden soll.

§ 6. Rechtliche Natur des Zusammenhangs zwischen Bierlieferungsvertrag und Darlehensvertrag. Gegenseitiger oder einheitlicher Vertrag?

Bei der Beantwortung der Frage, ob der Bierlieferungsvertrag und der Darlehensvertrag in rechtlichem Zusammenhang stehen und wie dieser Zusammenhang zu denken ist, kommt es bei der eben erwähnten Vertragsfreiheit der Parteien in erster Linie auf die Gestaltung des einzelnen Vertrages an. Allein da die Lebensverhältnisse, um die es sich handelt, sich im großen und ganzen immer wieder gleichen und außerdem die Brauereien, welche meist in engem Zusammenschluß stehen, ihre Verträge häufig nach gleichen Mustern abschließen, so haben diese Verträge eine gewisse typische Gestaltung angenommen, so daß sich trotz mancher Vorbehalte für den Einzelfall allgemein gültige Erwägungen anstellen lassen.

---

[1]) Zu all diesen Erörterungen vgl Biberfeld, Brauer- und Hopfenzeitung 1903 S. 2063, 1906 S. 2213, Schulze S. 41, Ueckermann S. 46—48, RG. 63, 390, OLGRspr. 4, 205 und besonders auch Karlsruhe, Puchelt 1906 S. 388 (Neumann V, 220, v).

[2]) RG. 79, 434.

Über den Zusammenhang, der zwischen dem Bierlieferungsvertrag und den mit ihm verbundenen Verträgen bestehen soll, sind in der Praxis verschiedene Anschauungen verbreitet. Die erste, mit der wir uns beschäftigen müssen, geht dahin, daß zwischen diesen Verträgen lediglich ein tatsächlicher wirtschaftlicher, nicht aber ein innerer rechtlicher Zusammenhang besteht. Sie wird in erster Linie vertreten durch eine große Anzahl von Entscheidungen des bayerischen obersten Landesgerichtes, die sich meist darauf beziehen, daß zwischen einer Brauerei und einem Wirt ein Vertrag über die Veräußerung eines Grundstückes geschlossen und gleichzeitig damit ein Bierlieferungsvertrag vereinbart wird.[1]) Das Gericht betont den bereits erwähnten Satz, daß der wirtschaftliche Zusammenhang nicht notwendig einen rechtlichen bedeute, sondern daß es von den Parteien abhänge, ob sie den wirtschaftlichen Zusammenhang in einen rechtlichen verwandeln wollen,[2]) und stellt fest, daß ein äußerer Zusammenhang, wie er durch die Aufnahme der Verträge in ein und dieselbe Urkunde hergestellt wird, ebenfalls an sich nicht genügt, um einen rechtlichen Zusammenhang zu begründen, wenn sich dies nicht aus dem Vertrag selbst unzweifelhaft ergibt.[3]) Davon ausgehend gibt das oberste Landesgericht zwar zu, daß der Bierlieferungsvertrag mit seinen Nebenverträgen in engem wirtschaftlichen Zusammenhang steht, indem diese Verträge gerade mit Rücksicht auf den Abschluß des Bierlieferungsvertrages geschlossen werden, meint aber, daß dies rechtlich, soweit die Verträge nicht ausdrücklich das Gegenteil besagen, nur dahin aufzufassen sei, daß der Abschluß des einen Vertrags Beweggrund oder Anlaß für den Abschluß des anderen Vertrags sei und daß im übrigen beide Verträge rechtlich selbständig und unabhängig seien.[4]) Allein bei Würdigung dieser Auffassung des obersten Landesgerichtes und deren Begründung darf nicht außer acht gelassen werden, daß die erwähnte Rechtsprechung gebührenrechtlicher Natur ist und ergangen ist zu Art. 186 des bayerischen GebührenG. vom 13. Juli 1910 und den gleichlautenden Bestimmungen der früheren Gebührengesetze.[5])

---

[1]) ObLG. I, 601, II, 255, 688, IV, 430, 683, 872, V, 295, 303, 533, VI, 407, VII, 475, IX, 175, 294, XI, 121, 413, 761, XII, 668. Ähnlich Ehrenbacher S. 55, der ebenfalls selbständige Rechtsgeschäfte, aber doch einen „gewissen rechtlichen", nach den Grundsätzen der bona fides zu beachtenden Zusammenhang annimmt, ohne sich über die Natur dieses Zusamenhangs weiter zu äußern.

[2]) ObLG. V, 303.

[3]) ObLG. IV, 434, 687, V, 303.

[4]) ObLG. IV, 683, V, 303, IX, 175.

[5]) Diese Bestimmung lautet: I. Enthält eine Urkunde mehrere Rechtsgeschäfte, welche von einander unabhängig sind, oder nicht notwendig eines aus dem andern fließen, so wird für jedes dieser Rechtsgeschäfte eine besondere Gebühr geschuldet.

II. Auf Verbindlichkeiten, welche nur als Bedingungen des Hauptvertrages erscheinen, oder zur Erfüllung der Leistung desselben bedungen oder überkommen werden, findet vorstehende Bestimmung keine Anwendung.

Hieraus ergeben sich verschiedene Schlußfolgerungen: Da Grundlage für die Gebührenbewertung nur die notarielle Beurkundung ist, welche der Gebührenpflicht unterliegt, so muß die Entscheidung über den Zusammenhang der Verträge auch dann ausschließlich aus dem Inhalt dieser Urkunde entnommen werden, wenn diese Urkunde den Parteiwillen unvollständig wiedergibt.[1]) Es kann also sehr wohl sein, daß nach dem Willen der Parteien die verschiedenen Verträge in einen rechtlichen Zusammenhang gebracht worden sind, ohne daß derselbe aus der für die Gebührenbewertung maßgebenden Urkunde ersichtlich ist.[2]) Ferner handelt es sich bei den Entscheidungen des obersten Landesgerichtes immer um die Frage, ob nach dem Inhalt der Urkunde lediglich für den Kaufvertrag eine Gebühr zu erheben ist, oder ob daneben noch die Bierbezugspflicht besonders zu bewerten ist. Die Antwort darauf ist grundsätzlich die, daß eine besondere Gebühr für die Bierbezugspflicht nicht zu erheben ist, wenn deren Wert bereits im Kaufvertrag als Bestandteil des Kaufpreises enthalten ist. Ist z. B. das Grundstück 50000 Mk. wert, und enthält der Kaufvertrag die Bestimmung, daß 40000 Mk. in bar und 10000 Mk. durch Übernahme der Bierbezugspflicht ausgewiesen werden, oder wird die Zahlungsweise der 50000 Mk. mit Rücksicht auf die Bierbezugspflicht erleichtert, so ist klar, daß der Gegenwert des Grundstückes in diesen 50000 Mk. Kaufpreis enthalten ist und daß für eine Gebührenbewertung des Bierlieferungsvertrages kein Raum mehr ist. Wird dagegen in der Urkunde das Grundstück um 40000 Mk. verkauft und daneben noch eine Bierbezugspflicht beurkundet, so ist letztere durch die Gebühr aus dem Kaufvertrag noch nicht bewertet, es handelt sich also um zwei unabhängige Verträge im Sinne des Gebührengesetzes. Ob der in der Urkunde angegebene Kaufpreis von 40000 Mk. nur deshalb um 10000 Mk. niedriger angesetzt ist, weil daneben noch eine auf 10000 Mk. bewertete Bierbezugspflicht des Käufers vereinbart wurde, ist hier aus der Urkunde nicht ersichtlich. Diese vom Standpunkt der Gebührenbewertung aus berechtigte Unterscheidung kann aber dafür nicht maßgebend sein, ob nicht im übrigen doch zwischen beiden Verträgen ein rechtlicher Zusammenhang besteht. Gegen einen solchen spricht auch nicht die vom obersten Landesgericht herangezogene Tatsache,[3]) daß in zahlreichen Verträgen für den Fall der Verletzung des Bierlieferungsvertrages eine Vertragsstrafe ausbedungen ist. Eine solche Klausel spricht keineswegs dafür, daß die beiden Verträge nach dem Willen der Parteien in ihrer Rechtswirksamkeit voneinander unabhängig bestehen sollen. Denn einmal hat das Ausbedingen einer Vertragsstrafe nach § 339 ff. BGB. mit der Rechtswirksamkeit des Vertrages nichts zu tun, sondern

---

[1]) Vgl. besonders ObLG. V, 295.
[2]) S. ObLG. IV, 683, 872, V, 533.
[3]) ObLG. V, 533, VII, 415, XI, 761.

setzt dieselbe lediglich voraus;[1]) der Verfall dieser Strafe läßt den Rechtsbestand des Bierlieferungsvertrages unberührt. Aber selbst wenn man dem Ausbedingen einer Vertragsstrafe bei Verletzung des Bierlieferungsvertrages die Bedeutung zuerkennen wollte, oder wenn sogar ausdrücklich ausgemacht sein sollte, daß eine Auflösung des Bierlieferungsvertrages (z. B. wegen positiver Vertragsverletzung) den Bestand der Nebenverträge unberührt lassen sollen, so würde dies jedenfalls nicht gegen die Natur eines einheitlichen Vertrages sprechen, da es ja auch bei diesem vom Willen der Parteien abhängt, ob die Nichtigkeit eines Teils des einheitlichen Rechtsgeschäftes die Nichtigkeit des ganzen Rechtsgeschäftes nach sich ziehen soll (§ 139 BGB.) und daher erst recht der Wille der Parteien dahin gehen kann, daß mit dem Zusammenfallen eines Teils des Geschäftes nicht das ganze Geschäft hinfällig werden soll.[2])

Spricht nun schon die Rechtsprechung des obersten Landesgerichtes bei näherem Zusehen nicht unbedingt dafür, daß zwischen den verschiedenen Verträgen ausschließlich ein wirtschaftlicher Zusammenhang besteht, so ist diese Ansicht aus anderen Gründen nicht haltbar.[3]) Es ist allerdings richtig, daß ein wirtschaftlicher Zusammenhang nicht notwendig ein rechtlicher zu sein braucht, daß vielmehr das eine Rechtsgeschäft nur als Anlaß oder Beweggrund für den Abschluß des anderen erscheinen kann.[4]) Es ist weiter zuzugeben, daß der bloße äußere Zusammenhang, die Aufnahme verschiedener Geschäfte in eine einzige Urkunde, noch nicht notwendig einen inneren Zusammenhang begründet. Aber wenn ein Brauer und ein Wirt ihre vertraglichen Beziehungen in einer einzigen Urkunde regeln und diese, wie es meistens geschieht, als Bierlieferungs- und Darlehensvertrag oder ähnlich bezeichnen, wenn der Brauer das Darlehen gibt oder das Anwesen an den Wirt verkauft mit Rücksicht darauf, daß dieser eine Bierbezugspflicht übernimmt, und der Wirt diese Bierbezugspflicht übernimmt mit Rücksicht darauf, daß ihm ein Darlehen gewährt oder ein Anwesen zu billigen Bedingungen verkauft wird, dann spricht jedenfalls die stärkste Vermutung dafür, daß die Parteien die beiden wirtschaftlich eng zusammenhängenden Verträge auch rechtlich aneinander binden wollen. Denn abgesehen von besonderen Ausnahmefällen wollen die Parteien ihre gegenseitigen Beziehungen rechtlich so regeln, wie es den wirtschaftlichen Beziehungen entspricht. Diese Vermutung, daß die Parteien des Bierlieferungsvertrages eine rechtliche Einheit schaffen wollen, wird zur Gewißheit, wenn man die erste und wichtigste Folge ins

---

[1]) Staudinger § 339, 2.

[2]) Staudinger § 139, 3 Abs. 3.

[3]) Die Ansicht des ObLG. wird auch für die Gebührenbewertung bekämpft von Dennler, ZBlFG. 1907 S. 102.

[4]) Vgl. Dernburg Bd. 1 § 110 S. 377.

Auge faßt, welche sich aus der Selbständigkeit und Unabhängigkeit der miteinander beurkundeten Rechtsgeschäfte ergeben würde, nämlich die, daß beide Verträge ohne Rücksicht auf einander stehen und fallen müßten.[1]) Dann würde, wenn der Kaufvertrag nichtig wäre, die Bierbezugspflicht trotzdem bestehen und wenn die Bierbezugspflicht nichtig wäre, wäre die Brauerei trotzdem zur Darlehensgewährung oder zur Auflassung des Grundstückes verpflichtet. Daß dem nicht so sein kann, bedarf wohl keiner Ausführung und wird auch in der Praxis von niemand behauptet. Nach alldem kann kein Zweifel sein, daß der Bierlieferungsvertrag und seine Nebenverträge nicht nur in einem wirtschaftlichen Zusammenhang stehen, sondern daß sie auch rechtlich so aneinander geknüpft sind, daß der Bestand und das Schicksal des einen Vertrages maßgebende Bedeutung hat für Wirkung und Bestand des anderen Vertrages.

Bevor wir jedoch auf die Art dieses rechtlichen Zusammenhangs eingehen, erscheint es notwendig, sich vollkommen klar darüber zu werden, welches eigentlich die beiderseitigen vertragsmäßigen Verpflichtungen sind, die in Beziehung zueinander gebracht werden sollen. Als diejenige Verpflichtung des Wirtes, welche als wirtschaftliche Gegenleistung gegen Darlehen usw. in Frage kommt, wird die Bierbezugspflicht oder Bierabnahmepflicht bezeichnet. Diese Pflicht, während der Dauer des Vertrages den gesamten Bierbedarf bei dem anderen Vertragsteil zu decken, ist nun, wie wir bereits gesehen haben, keine neben den übrigen Verpflichtungen aus dem Bierlieferungsvertrag bestehende besondere Pflicht des Wirtes, sie ist vielmehr nichts anderes als die Gesamtheit der Verpflichtungen, welche dem Wirt aus dem Bierlieferungsvertrag erwachsen sind. Daraus ergeben sich verschiedene Folgerungen: Die Bierbezugspflicht ist keine Gegenleistung für die einzelnen Bierlieferungen des Brauers. Diese Lieferungen haben vielmehr ihre Gegenleistungen in der Verpflichtung zur Zahlung der jeweiligen Kaufpreise, neben der dann die Abnahmepflicht des § 433 Abs. 2 BGB. besteht. Die Bierbezugspflicht ist ferner keine selbständige Verpflichtung, welche für sich allein besteht und für sich allein eine Gegenleistung gegen irgendeine andere Leistung bilden kann. Die einseitige Verpflichtung, seinen gesamten Bierbedarf bei einer bestimmten Brauerei zu decken, hat keinen klagbaren Inhalt, so lange sie nicht ergänzt wird durch den Bierlieferungsvertrag, dessen Bestandteil sie bildet. Denn erst hier wird festgesetzt, daß die Bierbezugspflicht nur gegen die Verpflichtung des Brauers zur Bierlieferung besteht, und welches der Preis ist, zu dem das Bier bezogen werden muß, sei es, daß dieser Preis im Vertrag ausdrücklich steht, oder durch Auslegung zu

---

[1]) S. RGRKomm. § 139, 1 S. 130.

ermitteln ist.[1]) Dies erkennt z. B. auch das bayerische oberste Landesgericht in den in § 1 erwähnten Entscheidungen Bd. IX, 229 und 294 an, die eigentlich dahin gehen, daß die Bierbezugspflicht allein keinen rechtlich bestimmbaren Inhalt hat, sondern denselben erst in Verbindung mit dem ganzen Bierlieferungsvertrag erhalten kann.[2]) Dieser Tatbestand wird oft dadurch verdunkelt, daß in den notariellen oder schriftlichen Verträgen vom Bierlieferungsvertrag lediglich die Bierbezugspflicht des Wirtes beurkundet wird. Dies ist möglich, da der Bierlieferungsvertrag an sich keiner Form bedarf, und hat seinen Grund darin, daß die mit dem Bierlieferungsvertrag verbundenen Verträge (Kauf, Hypothekenbestellung) meist der notariellen Form bedürfen, und daß dann in diesen Verträgen der die wirtschaftliche Gegenleistung enthaltende Teil des Bierlieferungsvertrages, nämlich die Bierbezugspflicht des Wirtes, mit beurkundet wird, während die selbstverständliche Verpflichtung des Brauers zur Bierlieferung in die Urkunde nicht mit aufgenommen wird. Hienach erscheinen materiell als Gegenleistung des Wirtes sämtliche Leistungen, welche dieser auf Grund des Bierlieferungsvertrages übernimmt, oder vielmehr, da der Bierlieferungsvertrag kein Vorvertrag ist, sondern aus ihm unmittelbar auf die einzelnen Leistungen geklagt werden kann, der Abschluß des Bierlieferungsvertrages selbst. Hat der Wirt diesen Vertrag abgeschlossen, so ist seine Gegenleistung gewährt. Die einzelnen Leistungen, welche der Wirt zu machen hat, erfolgen ausschließlich auf Grund des reinen Bierlieferungsvertrages. Die Frage, welche Wirkung die Verletzung dieses Vertrages hat, läßt sich daher zunächst nur aus diesem Vertrag beantworten und erst, wenn die Verletzungen dieses Vertrages dahin führen sollten, daß derselbe aufgelöst wird, kann die weitere Frage entstehen, wie diese Auflösung auf die übrigen mit dem Bierlieferungsvertrage verbundenen Verträge wirkt. Eine Verletzung des Bierlieferungsvertrages stellt sohin keine unmittelbare Verletzung des Darlehens- oder Kaufvertrages dar.

Bei den Leistungen des Brauers können Zweifel in der Richtung entstehen, was als Gegenleistung gegen die Bierbezugspflicht des Wirtes anzusehen ist, wenn der Brauer ein Darlehen hingibt. In der Praxis besteht darüber keine rechte Klarheit. Es wird bald von Krediteinräumung gesprochen, bald von Hingabe oder Gewährung eines Darlehens, von Übernahme einer Verpflichtung zur Gewährung des Darlehens oder von Darlehensversprechen, ohne daß diese verschiedenen Bezeichnungen mit besonderer Absicht oder mit Vorbedacht gewählt würden. Es kann daher für die

---

[1]) S. Endemann § 106, 2, c Anm. 17, der ein bloßes pactum de emendo für ungültig erklärt.

[2]) S. z. B. auch die Tatbestände ObLG. IX, 229 und XII, 842, wo ausdrücklich auf den in der Urkunde nicht enthaltenen Bierlieferungsvertrag hingewiesen wird.

Feststellung, was nun eigentlich als vertragliche Leistung des Brauers gemeint ist, kein besonderes Gewicht auf den Wortlaut der jeweiligen Verträge gelegt werden, sondern es müssen an dessen Stelle allgemeine Erwägungen über den Willen der Parteien und den Inhalt der Verträge treten. Eine Ausnahme gilt nur für die Krediteinräumung. Der Kreditvertrag, durch den sich jemand verpflichtet, einem anderen bis zu einer bestimmten Höhe Kredit zu gewähren,[1]) ist etwas anderes als der Vertrag über die Hingabe eines bestimmten Darlehens und wird auch von den Parteien als etwas anderes angesehen. Ob daher eine solche Verpflichtung zur Kreditgewährung vorliegt, kann nur aus dem einzelnen Vertrag entnommen werden. Ist dies der Fall, so bildet eben die Übernahme dieser Verpflichtung unter den im Vertrage festgesetzten näheren Bedingungen die Leistung des Brauers.[2]) Im übrigen gibt es nur zwei Möglichkeiten. Entweder besteht die Leistung des Brauers in der Hingabe des Darlehens selbst, dessen Empfang nach § 607 Abs. 1 BGB. die Ansprüche aus dem Darlehensvertrag gegen den Darlehensnehmer begründet, oder in dem Versprechen der Gewährung eines Darlehens, also in dem Abschluß eines sogenannten Darlehens-Vorvertrages. Nach der herrschenden Meinung ist der eigentliche Darlehensvertrag ein Realvertrag, d. h. er kommt dadurch zustande, daß der Darleiher dem Darlehensnehmer den Gegenstand des Darlehens, in der Regel also das Geld, zu Eigentum überträgt.[3]) Daraus folgt, daß in den Bierlieferungs- und Darlehensverträgen eine Hingabe des Darlehens und damit der Abschluß eines Darlehensvertrages nur dann gefunden werden kann, wenn in diesen Verträgen auch das Eigentum an den Darlehensgegenständen auf den Wirt übertragen wird. Dies ist möglich in den Fällen des constitutum possessorium (§ 929 S. 2 BGB.), auch der Abtretung des Herausgabeanspruchs gegen einen Dritten (§ 931 BGB.). Dagegen gehört nicht hieher der häufige Fall, daß der Kaufpreis für die Übertragung des Wirtschaftsanwesens ganz oder teilweise gestundet wird. Denn wenn hierin auch tatsächlich eine Kreditgewährung liegt, so handelt es sich doch, so lange die Kaufpreisschuld nicht in ein Darlehen umgewandelt ist (§ 607 Abs. 2 BGB.), nur um die Hinausschiebung der Fälligkeit des Kaufpreises (§ 452, 454 BGB.); die Bezahlung des Restkaufpreises ist nicht die Rückzahlung eines Darlehens. Die Schließung des Darlehensvertrages stellt nach alldem nur in den ausnahmsweisen Fällen die Gegenleistung des Brauers dar, in denen die Hingabe des Darlehens entweder im Vertrag selbst erfolgt oder diesem Vertrag schon vorausgegangen ist. In

---

[1]) Staudinger Vorbem. § 607, 2, c.

[2]) Fälle der Kreditgewährung s. ObLG. VI, 290, Brauer- und Hopfenzeitung 1904 S. 1104, s. auch Puchelt 1906 S. 388 wegen der möglichen Auslegung des Darlehensvertrages als Krediteinräumung.

[3]) Staudinger § 607, 2, Oertmann Vorbem. vor § 607, 2.

den weitaus meisten Fällen wird in den Darlehens- und Bierlieferungsverträgen nur eine Verpflichtung des Brauers zur Hingabe des Darlehens zu finden sein, also ein Darlehensvorvertrag im Sinne des § 610 BGB.).[1]) Die Frage, ob es sich bei diesem Darlehensvorvertrag um ein bloßes pactum de mutuo dando handelt, oder um ein pactum de mutuo dando et accipiendo, d. h. ob auch der Wirt verpflichtet ist, das Darlehen zu nehmen, ist in ersterem Sinne zu beantworten. Die Ansicht Plancks,[2]) daß bei verzinslichen Darlehen eine Verpflichtung zur Annahme des Darlehens in der Regel stillschweigend vereinbart sei, ist schon an sich zuweitgehend,[3]) gilt aber sicher nicht für die Darlehensgewährung der Brauerei, welche ihr Kapital in ihrem Betriebe viel nötiger brauchen würde und es nur deshalb dem Wirte ausleiht, um diesen als Abnehmer für ihr Bier zu gewinnen. Der Brauer hat daher keinerlei Interesse daran, daß ihm der Wirt das Darlehen abnimmt und verzinst, sondern nur daran, daß er die Bierbezugspflicht übernimmt. Hat dies der Wirt mit Rücksicht auf das Versprechen der Darlehensgewährung getan, so bleibt er zum Bierbezug auch dann verpflichtet, wenn er von seinem Recht, von der Brauerei die Gewährung des Darlehens zu verlangen, keinen Gebrauch macht. Die Nichtannahme des Darlehens begründet sohin für den Wirt möglicherweise einen Annahmeverzug (§ 290 ff. BGB.), ohne daß er aber zur Annahme verpflichtet wäre.[4])

Wenn nun zwischen Brauer und Wirt zunächst nur ein Darlehensvorvertrag abgeschlossen wird, so ist dabei doch folgendes zu beachten: Wir haben festgestellt, daß die Leistung, welche auf Seite des Wirtes der Verpflichtung zur Darlehenshingabe entspricht, der Abschluß des Bierlieferungsvertrages ist, d. h. die Übernahme sämtlicher Leistungen aus dem Bierlieferungsvertrage, und daß diese Verpflichtungen unmittelbar mit dem gesamten Vertrag übernommen werden. Daraus haben wir gefolgert, daß die einzelnen Leistungen, welche der Wirt auf Grund des Bierlieferungsvertrages schuldet, lediglich eine Erfüllung dieses Vertrages darstellen, nicht etwa auch gleichzeitig eine solche, des mit dem Bierlieferungsvertrage zusammenhängenden Darlehensvertrags usw. Der Darlehensvorvertrag begründet demgegenüber eine Verpflichtung zur Hingabe des Darlehens. Stellt man diese Verpflichtung dem Abschluß des Bierlieferungsvertrages durch den Wirt gegenüber, so würde sich ergeben, daß auch die Erfüllung dieses Vertrages, nämlich die Hingabe des Darlehens, ebensowenig in Beziehung zum Bierlieferungsvertrage steht, wie die

---

[1]) LG. München II ObLG. VI, 650, Aschaffenburg ObLG. XII, 842, Brauer- und Hopfenzeitung 1907 S. 2696, Puchelt 1901 S. 274, 1906 S. 388.

[2]) Vorbem. vor § 607, IV.

[3]) Vgl. Puchelt 1906 S. 388.

[4]) Staudinger § 293, 3.

Leistungen aus dem Bierlieferungsvertrag zum Darlehensvertrag, mit anderen Worten, daß diejenigen rechtlichen Beziehungen, welche zwischen dem Darlehens vor vertrag und dem Bierlieferungsvertrag bestehen, nicht bestehen zwischen dem Bierlieferungsvertrag und dem eigentlichen Darlehensvertrag, da ja dieser den Darlehensvorvertrag durch Erfüllung beendigt. Dem ist aber nicht so, weil im Gegensatz zum Bierlieferungsvertrag der Darlehensvorvertrag ein Vorvertrag ist. Als solcher muß er nicht nur, um gültig zu sein, materiell den gleichen Inhalt haben, wie der Hauptvertrag,[1]) sondern er trägt auch seiner inneren Bestimmung nach von Anfang an die Tendenz in sich, in den Hauptvertrag überzugehen, durch ihn ersetzt zu werden. Dieser Hauptvertrag läßt daher zwar den Vorvertrag durch Erfüllung untergehen, er tritt aber anders wie die einzelnen Leistungen aus einem sonstigen Vertrage in vollem Umfang an dessen Stelle. Dieselben rechtlichen Beziehungen, welche zwischen Darlehens vor vertrag und Bierlieferungsvertrag bestehen, müssen daher auch Geltung haben für Darlehens vertrag und Bierlieferungsvertrag, so daß z. B. die Nichtigkeit des Bierlieferungsvertrages, die sich erst nach Hingabe des Darlehens herausstellt, den Darlehensvertrag ebenso berührt, wie sie den Darlehens vor vertrag berührt hätte. Nur wenn wir dies annehmen, lassen sich einwandfreie Ergebnisse erzielen und erklärt es sich, warum die Praxis kein Bedürfnis gefühlt hat, bei Abschluß der Bierlieferungsverträge, zwischen Darlehensvertrag und Darlehensvorvertrag sorgfältig zu unterscheiden.

Von mancher Seite wird auch die Auffassung vertreten, daß der Brauer vertragsmäßig verpflichtet sei, dem Wirt das Darlehen zu belassen. Dies ist aber keine besondere Verpflichtung des Brauers, sondern nur der Inhalt des Darlehensvertrages oder des Darlehensvorvertrages, der bestimmt, unter welchen Voraussetzungen die Brauerei zur Rückforderung des Darlehens berechtigt ist. Die wirtschaftliche Leistung des Belassens des Kredites wird beim Darlehensvertrag nicht durch eine besondere Verpflichtung des Darlehensgebers, sondern durch die Aufschiebung des Rückforderungsanspruches des Darleihers erreicht.[2])

Nach diesen Vorerörterungen ergibt sich zusammenfassend folgende Gestaltung der Vertragsbeziehungen zwischen Brauer und Wirt: Es wird zwischen den Parteien ein gegenseitiger Bierlieferungsvertrag abgeschlossen. In Verbindung mit diesem Bierlieferungsvertrag wird, wenn es sich um die Gewährung von Darlehen handelt, zunächst ein Darlehensvorvertrag abgeschlossen, welcher den Brauer verpflichtet, neben der Bierlieferung dem Wirt ein Darlehen unter bestimmten Bedingungen zu gewähren. Dieser Darlehensvorvertrag, welcher für den Wirt zunächst nur ein Recht

[1]) Endemann § 106 Ziff. 2.
[2]) Oertmann Vorbem. § 607, 5, a.

begründet, wird erfüllt und ersetzt durch den eigentlichen Darlehensvertrag, der mit der Hingabe des Darlehens zustande kommt. Dieser Darlehensvertrag begründet für den Wirt die Verpflichtungen nach § 607 ff. BGB., welche neben seine Verpflichtungen aus dem Bierlieferungsvertrag treten, und steht mit dem Bierlieferungsvertrag in demselben rechtlichen Zusammenhang, wie der Darlehensvorvertrag.

Welcher Art ist nun der rechtliche Zusammenhang zwischen dem Bierlieferungsvertrag und den mit ihm verbundenen Verträgen?

In einer Anzahl von (bayerischen) Verträgen findet sich die Klausel, daß die Übernahme der Bierbezugspflicht durch den Wirt eine Bedingung oder eine wesentliche Bedingung sei für den Abschluß des Bierlieferungsvertrages,[1]) auch daß umgekehrt der Abschluß des Kaufvertrages oder Darlehensvertrages eine wesentliche Bedingung sei für den Abschluß des Bierlieferungsvertrages;[2]) auch einzelne Entscheidungen sprechen von einer Bedingung in ähnlichem Sinne.[3]) Allein auch hier ist zu berücksichtigen, daß diese Ausdrucksweise meist gewählt ist im Hinblick auf Art. 186 Abs. 2 des bayer. GebührenG., wo aber nicht an eine Bedingung im Sinne von § 158 ff. BGB. gedacht ist, sondern nur daran, daß das eine Rechtsgeschäft einen wesentlichen Bestandteil des anderen bilden soll; und in der Tat wäre es auch verfehlt, hier von einer echten Bedingung zu sprechen, denn es handelt sich nicht darum, daß das Bestehen des einen Rechtsgeschäftes abhängig gemacht werden soll von einem zukünftigen ungewissen Ereignis, sondern nur darum, daß nach dem Willen der Parteien die mehreren, zwischen ihnen abgeschlossenen Rechtsgeschäfte nicht unabhängig voneinander bestehen sollen. Eine Bedingung im Rechtssinne liegt sohin nicht vor.

Schwieriger zu beantworten ist die Frage, ob zwischen dem Bierlieferungsvertrag und seinen Nebenverträgen ein derartiges Verhältnis zwischen Leistung und Gegenleistung besteht, daß von einem gegenseitigen Vertrag im Sinne von § 320 ff. BGB. gesprochen werden kann. Hier ist zunächst genau zu unterscheiden zwischen den einzelnen Verträgen und dem Gesamtvertrag. Daß der Bierlieferungsvertrag an sich ein gegenseitiger Vertrag ist, unterliegt keinem Zweifel. Hier stehen sich, wie schon mehrfach betont, als Leistung und Gegenleistung Lieferung des Bieres und Zahlung des Kaufpreises gegenüber. Ebenso ist der Kaufvertrag über ein Grundstück ein gegenseitiger Vertrag, wobei sich Übergabe und Eigentumsverschaffung auf der einen Seite, Zahlung des Kaufpreises auf der anderen gegenüberstehen. Dagegen ist der Darlehensvertrag kein gegenseitiger Vertrag, da

[1]) Tatbestände ObLG. V, 600, VIII, 333, IX, 229, XI, 121, 761.
[2]) Vgl. ObLG. VI, 650.
[3]) LG. Passau ObLG. II, 255, ObLG. II, 688, Ehrenbacher S. 55 Anm. 4.

er nur eine Verpflichtung des Darlehensnehmers begründet,[1]) und er kann auch zu einem gegenseitigen Vertrag nicht ausgestaltet werden, da dies dem Wesen des Realvertrages widerspricht.[2]) Nur der Darlehens vor vertrag kann, obwohl er an sich kein gegenseitiger Vertrag ist,[3]) zu einem solchen ausgebaut werden, wenn die Gewährung des Darlehens ausdrücklich von einer Gegenleistung abhängig gemacht wird.[4]) Wenn jedoch auch die einzelnen Verträge gegenseitige Verträge sind, so ist damit noch nicht gesagt, daß auch diese Verträge untereinander in dem Sinne gegenseitige Verträge sind, daß die Leistungen aus dem einen Vertrag als Gegenleistungen des anderen Vertrags angesehen werden können. Nehmen wir den besonders einfachen Fall, daß der Brauer dem Wirt ein Grundstück verkauft und als Gegenleistung lediglich der Abschluß eines Bierlieferungsvertrages bedungen wird.[5]) Liegt hier ein gegenseitiger Kaufvertrag in dem Sinne vor, daß die Verpflichtung des Brauers, das Grundstück zu übergeben und das Eigentum an demselben zu verschaffen, die eine Leistung, die sogenannte Bierabnahmepflicht des Wirtes die Gegenleistung bildet, daß also der Vertrag einen Austausch dieser beiderseitigen Leistungen bezweckt, wie es für das Vorliegen eines gegenseitigen Vertrages Voraussetzung ist? Auf den ersten Blick mag dies so scheinen und man ist versucht anzunehmen, daß hier an die Stelle des Kaufpreises in Geld eben die Bierabnahmepflicht tritt, die ja auch einen Geldwert darstellt. Dabei wird aber übersehen, daß die Bierabnahmepflicht nicht eine einfache einseitige Verpflichtung ist, wie z. B. die Pflicht, eine Hypothek mit bestimmtem Inhalt zu bestellen, sondern die eine Seite eines gegenseitigen Vertrages, des Bierlieferungsvertrages. Dies würde zur Folge haben, daß die vertragsmäßig übernommenen Verpflichtungen aus dem Bierlieferungsvertrag einmal die Leistungen aus diesem gegenseitigen Bierlieferungsvertrag, dann aber auch die Gegenleistung aus einem gegenseitigen Kaufvertrag bilden würden. Dies ist an sich möglich, allein in solchen Fällen können beide Verträge nicht für sich genommen werden, sondern der einheitlichen Leistung muß dann die Gesamtheit der Gegenleistungen gegenübergestellt werden und wir haben jene Vertragsform, welche Höniger in seinen ausführlichen Darstellungen[6]) dieses Problems

---

[1]) Staudinger § 607, V, 1.

[2]) Staudinger § 607, V, 1, i Abs. 2, spricht nur von Darlehensgeschäft, nicht von Darlehensvertrag. S. aber auch Oertmann Vorbem. vor § 320, 3, c, der sagt, daß in der realen Kreditgewährung gegen anderweitige Gegenleistungen ein gegenseitiger Vertrag gefunden werden kann.

[3]) Staudinger Vorbem. § 607, 2, Oertmann § 607, 5.

[4]) Bei Darlehen gegen Hypothenbestellung bestritten, aber grundsätzlich anerkannt, RG. in JW. 1909 S. 304[4], OLGRspr. 20, 212 und 22, 291, s. auch LZ. 1912 S. 386 und RGRKomm. Vorbem. § 607, 5.

[5]) So Brauer- und Hopfenzeitung 1904 S. 1847.

[6]) Vorstudien zum Problem der gemischten Verträge, Freiburg 1906, und die gemischten Verträge in ihrer Grundform, Mannheim und Leipzig 1910.

als gemischte Verträge im eigentlichen Sinne bezeichnet, d. h. Verträge, bei denen in den von den Parteien gesetzten Vertrags-Tatbeständen ganze, im Gesetz unter verschiedenen Vertragskategorien normierte Tatbestände oder Teile von solchen verbunden sind.[1]) Voraussetzung für diese gemischten Verträge ist also, daß die beiderseitigen Leistungen und Gegenleistungen zwar die Tatbestände mehrerer Verträge erfüllen, daß aber diese mehreren Verträge nicht nebeneinander bestehen können, weil eine für beide Verträge notwendige und unter beide Verträge fallende Leistung nur einmal geschuldet ist. Diesen gemischten Verträgen gegenüber stellt Höniger,[2]) im Anschluß an Endemann[3]) die sogenannten Vertrags**koppelungen**. Darunter versteht er an sich selbständige Verträge mit eigenen Rechten und Verpflichtungen, die aber in irgendeiner Beziehung so aneinander gekoppelt sind, daß der eine Vertrag auf den anderen Vertrag gewisse rechtliche Wirkungen ausübt. Zu dieser letzteren Gattung und nicht zu den gemischten Verträgen rechnet Höniger gerade die mit dem Bierlieferungsvertrag verbundenen Verträge unter besonderer Hervorhebung von Mietvertrag und Darlehensvertrag.[4]) Eine besondere Begründung gibt er hiefür zwar nicht, allein man wird ihm trotzdem beistimmen müssen. Der Umstand allein allerdings, daß Bierbezugspflicht und Darlehen oder Kauf demselben wirtschaftlichen Zweck dienen, nämlich dem Vertriebe des Bieres der Brauerei, daß insbesondere das Darlehen nur die Erreichung des für beide Teile gemeinsamen Ziels fördern und dem Wirt das Betriebskapital liefern soll,[5]) würde noch keineswegs ausschließen, daß der Vertrag, durch den das geschieht, ein gegenseitiger im Sinne der §§ 320 ff. BGB. wäre. Aber für den gegenseitigen Vertrag ist nicht nur wesentlich, daß die mehreren Schuldverhältnisse, auf welche die gegenseitigen Verpflichtungen begründet werden, durch ein und dasselbe vertragsmäßige Band umspannt werden und daß eine um der anderen willen übernommen wird,[6]) sondern die beiderseitigen Leistungen müssen auch unmittelbar zum wechselseitigen Austausch bestimmt sein, die eine Verpflichtung darf nur das Entgelt für die andere Verpflichtung bilden.[7]) Berücksichtigt man nun, daß die Bierbezugspflicht Bestandteil eines gegenseitigen Bierlieferungsvertrages ist, und daß daher auch die Verpflichtungen des Brauers aus diesem Vertrag zu den vertragsmäßig übernommenen Gegenleistungen der Bierbezugspflicht gehören, so würde der gesamte Vertrag nur dann

---

[1]) Vorstudien S. 20.
[2]) Gemischte Verträge S. 327 ff.
[3]) § 156 Anm. 9 und 163 Anm. 26.
[4]) RGRKomm. § 325, 6 spricht hier von zusammengesetzten Verträgen.
[5]) Darmstadt, **Puchelt** 1901 S. 274 (**Neumann** I S. 226).
[6]) **Crome** Bd. II S. 165 und 169.
[7]) **Endemann** S. 700 § 125 Ziff. 1, RGRKomm. 326, 1 S. 263.

als gegenseitiger Vertrag angesehen werden können, wenn nach dem Willen der Parteien als auszutauschende Leistungen und Gegenleistungen sich nicht nur Grundstück und Kaufpreis, Darlehen und Zinsen, Bierlieferungen und Bierpreis gegenüberstünden, sondern auch dem Grundstück die Bierbezugspflicht und den Bierlieferungen der Kaufpreis für das Grundstück oder dem Darlehen die Bierabnahmepflicht und den Darlehenszinsen auch die Bierlieferungen. Dies entspricht aber nicht der Absicht der Parteien. Wenn der Brauer für ein Grundstück, das an sich 50 000 Mk. wert ist, nur 40 000 Mk. verlangt und sich daneben die Bierbezugspflicht ausbedingt, so wird er, wenn er keine besonderen gebührenrechtlichen Gründe hat, nicht auf den Gedanken kommen, daß der Kaufpreis 50 000 Mk. beträgt, daß er aber in derselben Weise wie etwa durch Übernahme einer Hypothek oder durch tauschweise Übernahme eines Grundstückes in Höhe von 10 000 Mk. durch die Übernahme der Bierbezugspflicht ausgewiesen wird. Er wird vielmehr sagen, er habe das Grundstück um 10 000 Mk. billiger hergegeben, weil der Käufer mit ihm einen Bierlieferungsvertrag abgeschlossen hat. In dem oben erwähnten Beispiel wird er die Übernahme der Bierbezugspflicht nicht als Kaufpreis für das Grundstück ansehen, sondern er wird davon ausgehen, daß er das Grundstück dem Wirt unentgeltlich überlassen hat und nur als wirtschaftliche Gegenleistung den Abschluß des Bierlieferungsvertrages verlangt hat. Ebenso wird der Brauer, der dem Wirt ein Darlehen gibt, als Entgelt für dieses Darlehen nur die Zinsen ansehen, und den im Bierlieferungsvertrag steckenden Gegenwert nicht mit den Zinsen auf gleiche Stufe stellen. Diese natürliche Auffassung der Parteien führt dahin, anzunehmen, daß zwar der Bierlieferungsvertrag und eventuell auch die mit ihm verbundenen Verträge gegenseitige Verträge sind, daß aber diese Verträge untereinander nicht im Verhältnis gegenseitiger Verträge stehen, sondern daß der zwischen ihnen bestehende rechtliche Zusammenhang von anderer Art ist.[1])

Diesen rechtlichen Zusammenhang wird man dahin bestimmen können, daß sowohl der Bierlieferungsvertrag, als die mit ihm verbundenen Verträge selbständige Rechtsgeschäfte sind, die ihren eigenen Regeln folgen, daß aber beide Verträge zusammen nach dem Willen der Parteien ein einheitliches Rechtsgeschäft bilden sollen in dem Sinne, daß die mehreren Verträge nur als Ganzes gewollt erscheinen.[2]) Die Leistungen aus den beiderseitigen Verträgen sind zwar nicht derartig aneinandergeknüpft,

---

[1]) Gegen die Annahme eines gegenseitigen Vertrages ausdrücklich Puchelt 1901 S. 274, Schülein S. 48, s. auch RG. in Recht 1908 Nr. 2900, wo gesagt ist, daß der Kaufpreis einer Wirtschaft hinter dem Wert zurückbleibt und zum „Ausgleich" dafür eine Bierbezugspflicht vereinbart worden sei. Dagegen RG. in GruchotsBeitr. 53, 949, woein ähnlicher Vertrag als gegenseitiger bezeichnet wird.

[2]) Dernburg § 119 Anm. 2 S. 399, Enneccerus § 189 Ziff. IV, a, auch RGRKomm. § 139, 1 und 305, 3.

daß jede Leistung aus dem einen Vertrag gleichzeitig auch Gegenleistung ist zu den Leistungen des anderen Vertrages, aber sie stehen insofern in innerem Zusammenhang, als der eine Vertrag nur abgeschlossen wird wegen des andern und mit dem andern, so daß für jede Partei erst der Abschluß beider Verträge den vollen Gegenwert gewährt für die in den einzelnen Verträgen übernommenen Leistungen. In diesem Sinne kann man davon sprechen, daß die Übernahme der Bierbezugspflicht eine Gegenleistung bildet für die Hingabe des Darlehens oder daß die Übertragung des Wirtschaftsanwesens eine Gegenleistung enthält für die Übernahme der Bierbezugspflicht. Wenn daher auch der Abschluß des Bierlieferungsvertrages kein Teil des Kaufpreises ist, so ist er doch ein wesentlicher Bestandteil des Vertrages, durch den sich der Brauer verpflichtet, sein Eigentum an dem Grundstück zu übertragen, ebenso wie etwa die Bedingungen über die Art der Zahlung des Kaufpreises, über Stundung usw. Es ist daher vollkommen richtig, wenn das Reichsgericht annimmt, daß ein Kaufvertrag, der ohne die gleichzeitig übernommene Bierbezugspflicht beurkundet ist, den Anforderungen des § 313 BGB. nicht entspricht.[1]) Die abweichende Ansicht des bayerischen obersten Landesgerichtes, daß die Bierbezugspflicht nur dann einen wesentlichen Bestandteil des Kaufvertrages bilde, wenn sie als solche beurkundet sei,[2]) dürfte, soweit es sich nicht um die Gebührenbewertung handelt, nicht haltbar sein, da dies den wirtschaftlichen Verhältnissen und dem Willen der Parteien in den meisten Fällen nicht entspricht. In dieser Richtung kann auf die Ausführungen verwiesen werden, mit denen wir die Anschauung von einem rein wirtschaftlichen Zusammenhang bekämpft haben.

Der hier vertretene Standpunkt, daß der Bierlieferungsvertrag und die mit ihm verbundenen Verträge einen einheitlichen Vertrag bilden, wird im allgemeinen von der Praxis geteilt.[3]) Schulze-Besse[4]) vertritt die Ansicht, daß es im Einzelfalle auf den Parteiwillen und dessen Auslegung ankomme, ob ein einheitlicher Vertrag anzunehmen ist oder nicht. Nun ist sicher richtig, daß der Parteiwille maßgebend ist; es darf aber hinzugefügt werden, daß, wenn nicht besondere Umstände vorliegen, der Wille der Parteien bei einheitlich geschlossenen Bierlieferungsverträgen jederzeit auf eine derartige Einheitlichkeit des ganzen Rechtsgeschäftes gerichtet ist. Dies ist besonders auch dann der

---

[1]) RG. 64, 35, Brauer- und Hopfenzeitung 1908 S. 74, s. auch Dennler, ZBlFG. 1907 S. 102.

[2]) ObLG. II, 671, IV, 744, 747, V, 303, 600, VI, 290, VIII, 62, 333, s. auch VII, 279 und XI, 761.

[3]) RG. 67, 101 ff., 76, 78, 79, 279, Recht 1913 Nr. 822, Hamburg Recht 1907 Nr. 2509, Brauer- und Hopfenzeitung 1905 S. 482, Puchelt 1901 S. 274 und 1906 S. 388 mit ausführlicher Begründung, dann Staudinger § 607, II, 10, b, Ueckermann S. 41, Schülein S. 48.

[4]) S. 41, auch Ehrenbacher S. 55.

Fall, wenn der Bierlieferungsvertrag bei vorzeitiger Rückzahlung des Darlehens oder sogar nach ordnungsmäßiger Rückzahlung des Darlehens noch fortbestehen soll. Denn die beiden Verträge können sehr wohl auch dann als Ganzes gewollt sein, wenn ihre Dauer verschieden bemessen ist, insbesondere wenn der Brauer sich mit Rücksicht auf das Risiko bei der Darlehenshingabe eine gewisse Dauer des Bierlieferungsvertrages bedingt. Darüber später.

Daß die Annahme eines einheitlichen Vertrages richtig ist, zeigt sich auch darin, daß die Folgerungen, welche sich aus derselben für die Gestaltung der rechtlichen Beziehungen zwischen den Parteien ergeben, durchaus dem Willen der Parteien und den Bedürfnissen der Praxis entsprechen. Zunächst folgt aus der gewählten Konstruktion, daß die Verträge, welche zusammen den einheitlichen Vertrag bilden, für sich ihren eigenen Regeln folgen und aus diesen heraus zu beurteilen sind. So richtet sich z. B. die Frage, unter welchen Voraussetzungen der Wirt vom Bierlieferungsvertrag zurücktreten kann (positive Vertragsverletzung!), oder der Brauer vom Darlehensvorvertrag zurücktreten darf (§ 610 BGB.), oder das Darlehen kündbar ist usw. nach den Bestimmungen, welche für diese Verträge gelten. Andererseits aber bringt es die Natur des einheitlichen Vertrages mit sich, daß das rechtliche Schicksal jedes einzelnen Vertrages von Einfluß auf das rechtliche Schicksal des anderen, mit ihm verbundenen Vertrages ist. Diese gegenseitige Abhängigkeit läßt sich mit dem Reichsgericht[1]) kurz dahin zusammenzufassen, daß entsprechend den einzelnen Bestimmungen in den §§ 139, 280 Abs. 2, 469 S. 2, 346 BGB., der allgemeine Rechtssatz gilt, daß für gewöhnlich ein einheitlicher Vertrag nur einheitlich stehen und fallen soll. „Der einheitliche Vertrag soll nur einheitlich stehen," bedeutet, daß der eine Vertrag nur dann zu Recht besteht, wenn auch der andere Vertrag zu Recht besteht, daß, wenn der eine Vertrag wegen Formfehler oder wegen Verstoß gegen die guten Sitten oder aus sonstigen Gründen nichtig ist, der ganze einheitliche Vertrag und damit auch der andere Vertrag nichtig ist. Dies ist auch beim Bierlieferungsvertrag und den mit ihm verbundenen Verträgen nach dem Willen der Parteien der Fall. Kein Wirt wird, wenn der Bierlieferungsvertrag wegen Verstoß gegen § 138 BGB. oder gegen die Gewerbeordnung ungültig ist, auf den Gedanken kommen, vom Brauer trotzdem das versprochene Darlehen zu verlangen und kein Brauer wird, wenn der Kaufvertrag über das Wirtschaftsanwesen wegen Verletzung des § 313 BGB. nichtig ist, vom Wirt die Einhaltung des gleichzeitig geschlossenen Bierlieferungsvertrages verlangen.[2]) Nur wenn nach der Sachlage angenommen werden könnte, daß der einheitliche Ver-

[1]) RG. 67, 101 ff., 104, Oertmann § 326, 3, d, ebenso Gruchot 53, 945.
[2]) S. Schulze S. 41, Ehrenbacher S. 55, Schülein S. 48.

trag ohne den nichtigen Teil d. h. also, der einzelne Vertrag ohne den nichtigen anderen abgeschlossen worden wäre, würde nach § 139 BGB. eine Ausnahme gelten können. Dies wird aber beim Bierlieferungsvertrag nur ganz ausnahmsweise der Fall sein, z. B. wenn der Bierlieferungsvertrag gegenüber dem Kauf eines sehr großen Objektes nur eine untergeordnete Rolle spielt.

Der einheitliche Vertrag soll aber auch einheitlich fallen. Darunter ist zunächst nichts weiter zu verstehen als dies, daß die Aufhebung oder Auflösung des einen Vertrages die Aufhebung des ganzen einheitlichen Vertrages und damit auch des anderen Vertrages nach sich zieht. Wenn also der Kaufvertrag wegen Arglist erfolgreich angefochten und daher nach § 142 Abs. 1 BGB. als von Anfang an nichtig anzusehen ist, so ist auch der Bierlieferungsvertrag von Anfang an nichtig. Wenn der Wirt vom Bierlieferungsvertrag wegen positiver Vertragsverletzung zurücktritt, so wird auch der mit ihm verbundene Vertrag aufgehoben.[1]) Das auf Grund der aufgelösten Verträge Geleistete kann nach § 812 BGB. wegen ungerechtfertigter Bereicherung zurückverlangt werden.[2]) Dies gilt aber dann nicht, wenn nach dem Willen der Parteien anzunehmen ist, daß die Auflösung des einen Vertrages nicht die des ganzen Vertrages nach sich ziehen soll (§ 139 BGB. und Staudinger § 139, 3). Dies ist bei Auflösung der Verträge häufiger wie bei Entstehung der Verträge der Fall, und kann insbesondere daraus geschlossen werden, daß die Parteien bei Verletzung des einen Vertrages, die möglicherweise dessen Auflösung herbeiführen könnte, eine bestimmte Vertragsstrafe ausgemacht haben. Schließen schon derartige Vereinbarungen das Vorhandensein eines einheitlichen Vertrages nicht aus, so ergibt sich aus dem Satz, daß einheitliche Verträge nur einheitlich fallen sollen, noch viel weniger, daß die Verträge, welche zusammen den einheitlichen Vertrag bilden, von gleicher Dauer sein müssen. Dies ist allerdings bei den Bierlieferungsverträgen häufig der Fall, insbesondere in der Weise, daß mit der Rückzahlung des Darlehens der Bierlieferungsvertrag endet.[3]) Allein ebensowenig wie die gleiche Dauer beider Verträge schon an sich genügt, um einen einheitlichen Vertrag zu begründen,[4]) ist es umgekehrt Voraussetzung für einen einheitlichen Vertrag, daß die Verträge, die ihn bilden, von gleicher Dauer sind. Es ist sehr wohl möglich, daß die Parteien mit Rücksicht auf das in der Hingabe des Darlehens liegende Risiko oder auf die Bedürfnisse des Wirtes vereinbaren, daß das Darlehen nach zwei Jahren rückzahlbar ist, der Bierlieferungsvertrag aber fünf Jahre dauern

---

[1]) S. RG. 67, 101 für Darlehensvertrag, ebenso Ehrenbacher S. 50 und Schülein S. 58.

[2]) So auch Brauer- und Hopfenzeitung 1904 S. 1104.

[3]) RG. 63, 333, 297 (JW. 1906 S. 419[3]), Tatbestand ObLG. VI, 290.

[4]) Aschaffenburg OLG. XII, 842.

soll, oder daß, wie es häufig geschieht, der Bierlieferungsvertrag noch über die Rückzahlung des Darlehens hinaus fortbestehen soll. Auch derartige Verträge können nach dem Willen der Parteien ein einheitliches Ganzes bilden.

Verschieden von der Frage, ob die mehreren aneinandergekoppelten Verträge einheitlich fallen, ist die Frage, welchen Einfluß die Beendigung des Bierlieferungsvertrages auf die Kündigung des Darlehens ausübt und unter welchen Voraussetzungen umgekehrt die Kündigung des Darlehens die Beendigung des Bierlieferungsvertrages nach sich zieht. Denn die Kündigung des Darlehens führt nicht die Auflösung des Darlehensvertrags herbei, sie bewirkt nur die Fälligkeit der Leistung, welche der Darlehensnehmer auf Grund des Darlehensvertrages in erster Linie schuldet, nämlich der Rückzahlung der Darlehenssumme. Sie führt also das Erlöschen des Darlehensvertrages nicht durch Auflösung herbei, sondern durch Erfüllung (§ 362 BGB.).[1]) Auch das Recht, die sofortige Rückzahlung des Darlehens zu verlangen, ist grundsätzlich etwas anderes als ein Rücktritt vom Darlehensvertrag,[2]) und die Rückzahlung selbst bewirkt, wenn sie berechtigterweise erfolgt, nicht die Aufhebung des Darlehensvertrages, sondern sie ist die Erfüllung der Verpflichtung des Darlehensnehmers aus dem Vertrag. Allein wenn auch theoretisch die Herbeiführung der Fälligkeit oder die Rückzahlung des Darlehens nicht als Fallen des Darlehensvertrages in dem oben bezeichneten Sinne angesehen werden kann, so ist doch zu beachten, daß auch die Rückzahlung des Darlehens den Darlehensvertrag beendet und daß in der Praxis auch bei Auflösung des Darlehensvertrages oder Rücktritt von diesem Vertrag keine anderen Rechtswirkungen eintreten als die Rückzahlung der Darlehenssumme, zumal eine etwaige Rückzahlung von Zinsen in der Regel nicht in Frage kommt. (Vgl. § 346 Abs. 2 BGB.) Der allgemeine Satz, daß in der Regel der einheitliche Vertrag einheitlich fallen soll, muß sich also auch bei der Beendigung des Darlehensvertrages durch Rückzahlung des Darlehens geltend machen. Die einschlägigen Fragen, welche für die Praxis von erheblicher Bedeutung sind, sollen alsbald im Zusammenhang erörtert werden.

Wenn der Bierlieferungsvertrag und die mit ihm verbundenen Verträge in ihrer Gesamtheit keinen gegenseitigen Vertrag, sondern nur einen einheitlichen Vertrag bilden, so ist grundsätzlich die Heranziehung der §§ 320 ff. BGB. für den Gesamtvertrag ausgeschlossen. Es ist auch im allgemeinen zu einer Anwendung dieser Bestimmungen kein Bedürfnis gegeben. Dies gilt insbesondere von dem Rücktrittsrecht wegen Unmöglichkeit, Verzug oder positiver Vertragsverletzung. Denn soweit die einzelnen

---

[1]) So Ueckermann S. 42, s. ferner ObLGRspr. 22, 291 über den Unterschied zwischen Rücktritt vom Darlehensvertrag und Kündigung des Darlehens.

[2]) RG. 52, 5ff., 10.

Verträge gegenseitige Verträge sind, zieht eine Verletzung dieser Verträge ohnehin zunächst eine Auflösung dieser einzelnen Verträge und damit nach dem Satz, daß der einheitliche Vertrag einheitlich fallen soll, auch die Auflösung der anderen Verträge nach sich. Soweit aber für den einzelnen verletzten Vertrag ein Rücktrittsrecht nicht gegeben ist, liegt auch kein Grund vor, ein solches für den Gesamtvertrag zu gewähren. Ebenso steht es bezüglich der Anwendung des § 321 BGB., der für den nicht gegenseitigen Darlehensvorvertrag, bei dem ja ein Verweigerungsrecht wegen Vermögensverschlechterung in erster Linie in Frage kommt, durch § 610 BGB. ergänzt wird. Was endlich den § 320 BGB. anlangt, so kann allerdings unter Umständen ein Bedürfnis gegeben sein, daß der eine Teil seine Leistung so lange verweigern darf, bis auch der andere Teil seine Gegenleistung bewirkt. Dies kann besonders dann vorkommen, wenn sich der Wirt nach Abschluß des Darlehensvorvertrages weigert, seine Bierbezugspflicht zu erfüllen oder der Brauer sich weigert, das Darlehen tatsächlich zu gewähren. In diesem Falle wird man aber mit Rücksicht auf die Einheitlichkeit des Gesamtvertrages nach Lage der Umstände sagen können, daß es gegen Treu und Glauben und gegen die guten Sitten verstößt, wenn der eine Vertragsteil von dem anderen die Leistung verlangt, die von ihm geschuldete Leistung aber seinerseits nicht gewähren will. Die Einrede des nicht erfüllten Vertrages nimmt also hier die Form der exceptio doli an (§ 826 BGB.).[1] Außerdem ist auch das Zurückbehaltungsrecht nach § 273 BGB. gegeben, da der einheitliche Vertrag als „dasselbe rechtliche Verhältnis" im Sinne dieser Bestimmung ohne weiteres gelten kann.

§ 7. Zusammenhang zwischen Beendigung des Bierlieferungsvertrages, Kündigung und Rückzahlung des Darlehens.

Eine Untersuchung des Zusammenhangs, der zwischen der Beendigung des Bierlieferungsvertrages und der Beendigung des Darlehensvertrages durch Rückzahlung des Darlehens besteht, bewegt sich naturgemäß nach zwei Richtungen. Es ist einmal festzustellen, welchen Einfluß die Beendigung des Bierlieferungsvertrages auf die Rückzahlung des Darlehens ausübt und dann umgekehrt die Frage zu erörtern, unter welchen Voraussetzungen die Rückzahlung des Darlehens die Beendigung des Bierlieferungsvertrages herbeiführt und welche Bedeutung der Bierlieferungsvertrag für das Kündigungsrecht des Darlehensvertrages hat.

Darlehensvertrag und Bierlieferungsvertrag sind, wie wir gesehen haben, zwei selbständige, nur durch das Band des ein-

[1]) Puchelt 1901 S. 274.

heitlichen Vertrages zusammengehaltene Verträge, von denen jeder seinen eigenen Regeln folgt. Für den Zeitpunkt der Rückzahlung des Darlehens ist nach § 609 Abs. 1 in erster Linie maßgebend, ob im Vertrag eine Zeit für die Rückgabe des Darlehens bestimmt ist. Eine solche Zeitbestimmung kommt auch bei Bierlieferungsverträgen häufig vor und muß sich, wie bereits ausgeführt, nicht mit der Beendigung des Bierlieferungsvertrages decken, kann vielmehr kürzer als dieser bemessen sein. Ist für die Rückzahlung des Darlehens eine Zeit nicht bestimmt, so hängt die Fälligkeit davon ab, daß der Gläubiger oder der Schuldner kündigt. (§ 609 Abs. 1.) Die gesetzliche Kündigungsfrist beträgt bei Darlehen von mehr als 300 Mk. drei Monate, bei kleineren Darlehen einen Monat. (§ 609 Abs. 2.) Diese gesetzlichen Kündigungsfristen sind bei den Bierlieferungsverträgen häufig abgeändert, sie betragen meistens drei bis sechs Monate und decken sich nur ganz ausnahmsweise mit den für den Bierlieferungsvertrag festgesetzten Kündigungsfristen.[1])

Diese gesetzlichen oder vertragsmäßigen Kündigungsbestimmungen für den Darlehensvertrag sind an sich unabhängig vom Bierlieferungsvertrag und es bestünde daher die Möglichkeit, daß die sich nach diesen Regeln bemessende Rückzahlung des Darlehens und die dadurch bewirkte Beendigung des Darlehensvertrages nicht zusammenfallen mit der Beendigung des Bierlieferungsvertrages. Dies ist auch durchaus möglich und kommt insbesondere dann vor, wenn nach dem Inhalt des Vertrages die Bierbezugspflicht eine gewisse Zeit über die Rückzahlung des Darlehens hinaus fortdauern soll,[2]) eine Bestimmung, die zwar von der Rechtsprechung manchmal als bedenklich, doch nicht grundsätzlich als gegen die guten Sitten verstoßend angesehen wird und auch dem Wesen des einheitlichen Vertrages durchaus nicht widerstreitet. Sofern aber eine derartige verschieden lange Dauer der beiden Verträge nicht im vornherein bei Abschluß des gesamten Vertrages ins Auge gefaßt worden ist, muß auch hier der allgemeine Grundsatz zur Geltung kommen, daß die Beendigung des einen Vertrages die des anderen nach sich zieht.

Hienach gilt in erster Linie der Grundsatz, daß bei den Darlehens- und Bierlieferungsverträgen die Beendigung des Bierlieferungsvertrages,[3]) wenn keine besonderen Umstände vorliegen, auch dann die sofortige Fälligkeit des Darlehens nach sich zieht, wenn an sich für den Darlehensvertrag eine bestimmte Zeit oder Kündigungsfristen vereinbart sind. Dieser allgemeine, aus der Einheitlichkeit des Gesamtvertrages abgeleitete Satz findet häufig

---

[1]) Z. B. Tatbestand ObLG. I, 601.

[2]) Vgl. Tatbestand ObLG. II, 683; über die Fälle, wo nur eine bestimmte Mindestdauer des Vertrages ausgemacht ist, s. später!

[3]) Fälle der Beendigung des Bierlieferungsvertrages s. Ehrenbacher S. 74, Neckermann § 10 S. 55.

schon in den Verträgen selbst seine ausdrückliche Bestätigung, in dem in einer ganzen Reihe von Fällen bestimmt ist, daß das Darlehen sofort zur Rückzahlung fällig wird, wenn der Bierlieferungsvertrag endet,[1]) und zwar sogar schon dann, wenn der Wirt sein Bier anderswoher als vom Darlehensgeber bezieht ohne Rücksicht darauf, ob er im einzelnen Falle zur objektiven Verletzung des Bierlieferungsvertrages berechtigt ist oder nicht. Ähnlich liegt der Fall, wenn Bierlieferungsvertrag und Darlehensvertrag nur einheitlich gekündigt werden können,[2]) oder wenn bei Verletzung der Bierbezugspflicht der gestundete Kaufpreis sofort fällig wird.[3]) Was hier kraft Vertrags gilt, muß mangels besonderer Abmachung auf Grund allgemeiner Auslegung des gesamten Vertrages auch dann gelten, wenn über die Einwirkung der Beendigung des Bierlieferungsvertrages auf die Rückzahlung des Darlehens nichts bestimmt ist. Hier führt zwar noch nicht der bloße anderweitige Bierbezug, wohl aber die Beendigung des Bierlieferungsvertrages, z. B. bei Erlöschen der Bierbezugspflicht wegen Einstellung des Wirtschaftsbetriebes, zur sofortigen Fälligkeit des Darlehens.[4]) Dies gilt besonders dann, wenn der Wirt wegen Verzug, Unmöglichkeit oder positiver Vertragsverletzung des Brauers vom Bierlieferungsvertrage zurücktritt. Auch die hiedurch herbeigeführte Auflösung des Bierlieferungsvertrages führt die Fälligkeit des Darlehens herbei, so daß der Wirt von diesen Rechten nur dann Gebrauch machen kann, wenn er bereit ist, gleichzeitig das ihm gewährte Darlehen zurückzuzahlen, also gewissermaßen auch vom Darlehensvertrag zurückzutreten.[5]) Es ist nicht zu verkennen, daß diese Pflicht des Wirtes eine erhebliche Erschwerung des Rücktrittes bedeutet, allein er muß ja nicht wegen etwaiger Mängel gerade von seinem Rücktrittsrecht Gebrauch machen, da ihm noch andere Schutzmittel zu Gebote stehen, und wenn er es doch berechtigterweise tut, so wird er in der Regel auch die für die Rückzahlung notwendige Summe durch Abschluß eines Bierlieferungsvertrages mit einer anderen Brauerei aufbringen können. Außerdem kann man der Brauerei, die ja keine Geldverleiherin ist, nicht zumuten, die Darlehenssumme dem Wirt womöglich ohne Sicherheit weiter zu belassen, wenn die übri-

---

[1]) Vgl. Tatbestände Recht 1907 Nr. 1781, Holdheim 1907 S. 909, ObLG I, 601, II, 688, IV, 744, V, 600, XII, 688, s. auch Schulze S. 55.

[2]) Tatbestand ObLG. VI, 650.

[3]) Tatbestand ObLG. IV, 744.

[4]) Brauer- und Hopfenzeitung 1911 S. 588.

[5]) RGRKomm. § 325, 6 mit § 139, 2 und § 305, 2, RG. 67, 101, unter Hinweis auf die Entscheidung vom 24. Januar 1906, RG. in Gruchot 53, 945, Schülein S. 48, s. aber auch ObLG. II, 373, wo bei Kauf- und Bierlieferungsvertrag auf die dem § 469 BGB. analogen Bestimmungen des alten Rechtes hingewiesen wird und daher wohl nicht unter allen Umständen der Rücktritt vom Bierlieferungsvertrag auch die Auflösung des Kaufpreises nach sich ziehen soll, sowie Ehrenbacher S. 55, der aber meint, daß Treu und Glauben in der Regel die sofortige Rückzahlung des Darlehens verlangen würde.

gen, für die Brauerei wesentlichen geschäftlichen Beziehungen durch den Wirt aufgelöst werden.

Schwieriger als die Frage nach dem Einfluß der Beendigung des Bierlieferungsvertrages auf den Darlehensvertrag ist die umgekehrte Frage zu beantworten, welche Bedeutung die Beendigung des Darlehensvertrages für den Bierlieferungsvertrag hat. Der Darlehensvertrag wird beendet durch die Rückzahlung des Darlehens durch den Wirt. Diese kann erfolgen entweder auf Verlangen des Brauers, indem dieser das Darlehen kündigt oder zur festgesetzten Zeit zurückverlangt, oder aber nach dem Willen des Wirtes, indem dieser das Kapital nach vorangegangener Kündigung oder ohne solche zurückzahlt.

Auch hier folgt aus der Einheitlichkeit des Gesamtvertrages der Grundsatz, daß die Beendigung des Darlehensvertrages, d. h. die Rückzahlung des Darlehens, die Beendigung des Bierlieferungsvertrags herbeiführt. Dies ergibt sich ebenso wie im umgekehrten Fall häufig schon aus dem Inhalt der abgeschlossenen Verträge, welche das Ende des Bierlieferungsvertrages an das Ende des Darlehensvertrages binden. Hier ist wieder einschlägig der Fall, in dem die Kündigung beider Verträge nur einheitlich erfolgen kann;[1]) ferner gehören hieher alle die zahlreichen Verträge, bei denen der Bierlieferungsvertrag mit der Rückzahlung des Darlehens erlöschen soll, sei es ausdrücklich,[2]) sei es in der Weise, daß die Rückzahlung des Darlehens durch Gutschrift auf den Bierpreis mit oder ohne Aufgeld zum Hektoliterpreis erfolgt, so daß die Dauer des Bierlieferungsvertrages überhaupt nur bestimmt wird durch die Dauer des Darlehensvertrages.[3]) Aber auch wo dies nicht der Fall ist, kann man grundsätzlich davon ausgehen, daß die Rückzahlung des Darlehens nach dem Willen und den Absichten der Parteien auch den Bierlieferungsvertrag beendet.[4])

Allein hier gelten sehr wesentliche und weitgehende Einschränkungen. Wenn zwischen Brauerei und Wirt ein Darlehens- und Bierlieferungsvertrag geschlossen wird, so ist der Brauer in erster Linie interessiert an dem Bestand des Bierlieferungsvertrages, der den Absatz seines Bieres betrifft. Er hat aber kein Interesse daran, daß der in der Regel für ihn nicht günstige Darlehensvertrag ebenfalls bestehen bleibt, sondern es ist ihm mit Rücksicht auf das mit der Ausleihung verbundenen Risiko

---

[1]) Tatbestand ObLG. VI, 650.

[2]) Recht 1906 Nr. 8.

[3]) Solche Fälle sind RG. 64, 120 und 76, 266, JW. 1906 S. 735, ObLG. VI, 290, 336, VII, 70, Brauer- und Hopfenzeitung 1903 S. 63, 1904 S. 1679, 1907 S. 369, 1753, 3028, auch Schulze S. 48, der dies für Berlin als allgemein üblich bezeichnet, und Ueckermann S. 40.

[4]) S. Staub § 346 [3], DJZ. 1907 S. 1384, Biberfeld, Brauer- und Hopfenzeitung 1903 S. 2063, ferner Brauer- und Hopfenzeitung 1903 S. 645, 1904 S. 1104, 1905 S. 119, (hier als selbstverständlich unterstellt) 1905 S. 482 und 2935.

darum zu tun, die Darlehenssumme möglichst bald wieder zurückzuerhalten, wogegen er gerne auf die ihm gebotene mäßige Verzinsung verzichtet. Der Wirt andererseits empfindet den Bierlieferungsvertrag meist nur als eine lästige Beschränkung seiner gewerblichen Freiheit, die er nur deshalb auf sich nimmt, weil er auf andere Weise das für seinen Betrieb nötige Kapital nicht erlangen kann. Wenn er sich also dieses Kapital anderweitig verschaffen kann, hat er die Tendenz, sich vom Bierlieferungsvertrag zu befreien. Diese gegensätzlichen Interessen erheischen eine sorgfältige Untersuchung der Frage, ob und unter welchen Voraussetzungen das Bestreben des Brauers, die Rückzahlung des Darlehens schon vor Ablauf des Bierlieferungsvertrages zu verlangen, und dasjenige des Wirtes, dem Bierlieferungsvertrag vor Ablauf der Vertragszeit durch Rückzahlung des Darlehens zu beendigen, auch gegen den Willen des anderen Teiles von Erfolg sein kann.

Dem Bestreben der Brauerei, die Rückzahlung des Darlehens vor Ablauf des Bierlieferungsvertrages zu verlangen, ist in vielen Fällen durch den Vertrag selbst ein Riegel vorgeschoben. Die Sicherung des Wirtes kann hier in verschiedener Weise erfolgen. Entweder ist bestimmt, daß beide Verträge nur zusammen gekündigt werden können, oder daß die Kündigung des Darlehens zugleich auch die Beendigung des Bierlieferungsvertrages herbeiführt,[1]) oder das Darlehen wird entweder für die ganze Dauer des Bierlieferungsvertrages[2]) oder wenigstens für eine Anzahl von Jahren als von der Brauerei unkündbar erklärt.[3]) Hier kann der Brauer immer nur beide Verträge zur Auflösung bringen. Allein in vielen Verträgen ist die Sachlage die, daß für den Bierlieferungsvertrag eine bestimmte Zeit ausbedungen ist (meist eine Reihe von Jahren), über die Rückzahlung des Darlehens aber entweder gar nichts bestimmt ist, so daß die gesetzlichen Bestimmungen zu gelten haben, oder aber Kündigungsfristen für beide Teile aufgenommen sind, welche es dem Brauer ermöglichen, schon nach kurzer Zeit die Rückzahlung des von ihm gewährten Darlehens zu verlangen. Es ist klar, daß darin eine große Härte für den Wirt gelegen ist, denn wenn trotz Rückzahlung des Darlehens der Bierlieferungsvertrag bestehen bleibt, so geht der Wirt schon in kurzer Zeit des Kredits verlustig, um dessentwillen er die Bierbezugspflicht übernommen hat und er ist meist nicht in der Lage, sich anderweitig solchen zu beschaffen, da er ja mit einer anderen Brauerei einen Bierlieferungsvertrag nicht abschließen kann und er sonstigen Kredit nicht zur Verfügung hat. Nun könnte man sich demgegenüber auf die Vertragsfreiheit berufen und sagen, wenn der Wirt einen Vertrag eingeht, der

[1]) Tatbestände ObLG. VI, 290, 650.
[2]) Tatbestand ObLG. IV, 744.
[3]) Tatbestände ObLG. V, 600, XII, 668.

ihn auf Jahre hinaus zur Bierabnahme verpflichtet und in demselben Vertrag dem Brauer eine kurze Kündigungsfrist für das Darlehen zugesteht, so ist er entweder an den Vertrag gebunden, oder der ganze Vertrag verstößt, besonders wenn er auf lange Zeit abgeschlossen ist, gegen die guten Sitten. Allein damit wird man meines Erachtens der Sachlage nicht gerecht. Der Bierlieferungsvertrag wird von Brauereien abgeschlossen, die sich einen Abnehmer für ihr Bier sichern wollen, und dagegen diesen Abnehmern die Mittel bieten, welche diese für den Betrieb einer Wirtschaft nötig haben. Der Brauer hat daher in der Regel bei Abschluß des Vertrages durchaus nicht die Absicht, den gewährten Kredit, auf welchen der Wirt angewiesen ist, diesem ohne weiteres wieder zu entziehen und ihn dadurch nicht nur um seine Gegenleistung zu bringen, sondern auch die Bierabnahme selbst zu gefährden.[1]) Er wird vielmehr von seiner Kündigungsbefugnis nicht ohne zwingende Gründe Gebrauch machen wollen und es widerstrebt, einen Vertrag wegen dieser Bestimmungen allein, die nur möglicherweise zu einer Schädigung des Wirtes führen können, für unsittlich zu erklären und damit den Wirt in die Möglichkeit zu versetzen, jederzeit von dem Vertrag loszukommen, wenn ihm dieser nicht mehr paßt. Außerdem ist es sehr fraglich, ob bei derartigen Bierlieferungs- und Darlehensverträgen die Kündigungsfristen für das Darlehen wirklich nur den Sinn haben sollen, den Darlehensvertrag allein zu beendigen. Man wird vielmehr mit Rücksicht auf die Einheitlichkeit des Gesamtvertrages, sowie darauf, daß das Interesse an dem Bestand des Bierlieferungsvertrages in der Regel bei der Brauerei selbst vorhanden ist, sagen müssen, daß die Vereinbarung von Kündigungsfristen für das Darlehen den Brauer nach Treu und Glauben nicht berechtigt, nur die Rückzahlung des Darlehens zu verlangen, sondern daß diese Vereinbarung dahin aufzufassen ist, daß der Brauer, sofern nicht besondere Gründe aus dem Darlehensvertrage vorliegen, von seiner Kündigungsbefugnis nur in dem Sinne Gebrauch machen darf, daß er die gesamten geschäftlichen Beziehungen zu dem Wirt, also auch den Bierlieferungsvertrag, zum Erlöschen bringt. Wenn er also vorzeitig sein Kapital zurückverlangt, weil er dem Wirt aus vielleicht ganz berechtigten Gründen den Kredit nicht weiter gewähren will, so muß er auch die Konsequenz davon tragen und auf die weitere Abnehmerschaft des Wirtes verzichten.[2]) Nur wenn eine derartige Auffassung vertraglich ausdrücklich ausgeschlossen wird, könnte die Frage aufgeworfen werden, ob nicht der Vertrag gegen die guten Sitten verstößt.

---

[1]) RG. 63, 390.

[2]) Hamm, Brauer- und Hopfenzeitung 1905, 2935, wo auch die Brauerei selbst auf dem hier vertretenen Standpunkt steht, dann Burmester, Brauer- und Hopfenzeitung 1908 S. 989, Ehrenbacher S. 54, Schülein S. 49.

Was die Beendigung des Vertrages durch den Wirt angeht, so wird hier zunächst darüber gestritten, ob bei den mit einem Bierlieferungsvertrag verbundenen Darlehensverträgen das Darlehen vorzeitig zurückgezahlt werden darf. Ob der Wirt dieses Recht der vorzeitigen Rückzahlung hat, dem natürlich eine Annahmepflicht des Brauers entsprechen muß, bemißt sich ausschließlich nach § 609 Abs. 3 BGB. mit § 271 BGB. Nach § 609 Abs. 3 ist der Schuldner auch ohne Kündigung zur Rückzahlung des Darlehens berechtigt, wenn Zinsen nicht bedungen sind. Danach würde bei verzinslichen Darlehen, wie sie beim Bierlieferungsvertrag die Regel sind, stets eine Kündigung zu erfolgen haben. Es ist die Ansicht vertreten worden, daß darin bei den Bierlieferungsverträgen eine Ausnahme bestehe, da die Brauerei kein Interesse an der Anlage ihres Kapitals als Darlehen habe und daher die Kündigungsbestimmungen nur zugunsten des Wirtes getroffen seien.[1]) Diese Auffassung hat zwar manches für sich, allein da auch die Brauerei mit Rücksicht auf einen geordneten Geschäftsgang ein Interesse daran haben kann, ihr Kapital rechtzeitig gekündigt zu erhalten, so scheint doch kein genügender Grund vorhanden, von den Bestimmungen des § 609 Abs. 3 abzusehen, wenn die Brauerei das Kapital nicht annehmen will. Bei unverzinslichen, auf festbestimmte Zeit ausgeliehenen Kapitalien ist dagegen der Wirt nach § 271 Abs. 2 jederzeit zur Rückzahlung berechtigt.[2]) Dieses Recht zur vorzeitigen Rückgabe ist aber dann ausgeschlossen, wenn die Rückzahlung des Darlehens ausdrücklich in der Weise zu erfolgen hat, daß es nur durch Aufschlag auf den Bierpreis und Gutschrift getilgt werden soll.[3]) Denn hier ist die Aufhebung des Bierlieferungsvertrages abhängig gemacht von der Rückzahlung des Darlehens und es kann daher die Dauer des Bierlieferungsvertrages nur dann ordnungsmäßig bestimmt werden, wenn der Wirt das Darlehen in der verabredeten Weise tilgt. Aber auch, wenn der Wirt zur vorzeitigen Rückzahlung des Darlehens berechtigt ist, ist damit noch nicht gesagt, daß durch diese Rückzahlung auch die Bierbezugspflicht erlischt. Hier tritt dem allgemeinen Grundsatz, daß einheitliche Verträge nur einheitlich fallen sollen, das besondere Interesse des Brauers daran entgegen, daß der Bierlieferungsvertrag während der vertragsmäßigen Dauer auch dann aufrechterhalten bleibt, wenn das Bedürfnis des Wirtes, das ihm gewährte Darlehen weiter zu behalten, nicht mehr besteht. Der Brauer ist kein Geldverleiher, er gibt das Darlehen nicht deshalb, um sein Kapital nutzbringend anzulegen, sondern der einzige Zweck dieser oft mit erheblichem Risiko verbundenen Hingabe des Darlehens ist der, sich einen dauernden Abnehmer für sein Bier zu sichern.

[1]) Ueckermann S. 42.
[2]) Staudinger § 609, 5.
[3]) JW. 1906 S. 735, Brauer- und Hopfenzeitung 1907 S. 3028.

Wie dem Wirt nicht zugemutet werden kann, bei dem Bierlieferungsvertrag stehen zu bleiben, wenn ihm der Kredit vom Brauer entzogen wird, so kann dem Brauer nicht zugemutet werden, den Nutzen, den er durch den Abschluß des Bierlieferungsvertrages erzielt hat, um dessentwillen er ein oft erhebliches Kapital ohne genügende Sicherheit an wirtschaftlich schwache Personen ausleiht, ohne weiteres wieder einzubüßen, wenn sich der Wirt das Kapital anderweitig, vielleicht von der Konkurrenz, zu verschaffen vermag.

Im übrigen gilt auch hier entsprechend der Einheitlichkeit des Gesamtvertrages der Satz, daß die ordnungsmäßige Rückzahlung der Darlehenssumme nicht nur den Darlehensvertrag beendet, sondern auch gleichzeitig den Bierlieferungsvertrag zu Fall bringt. Denn der Darlehensvertrag ist ja derjenige Vertrag, der als Gegenwert gegenüber dem Bierlieferungsvertrage zugunsten des Wirtes abgeschlossen wurde, und es muß daher angenommen werden, daß die Beendigung dieses für ihn günstigen Vertrages den Wirt ebenso von dem lästigen Bierlieferungsvertrag befreit, wie umgekehrt die berechtigte Aufhebung des Bierlieferungsvertrages durch den Brauer, auch die Rückzahlung des Darlehens durch den Wirt herbeiführt. Dies ist auch in der Praxis anerkannt.[1])

Allein gerade deshalb, weil grundsätzlich die Beendigung des Darlehensvertrages auch die des Bierlieferungsvertrages zur Folge hat, und daher die Wirte immer wieder versuchen, sich durch Rückzahlung des Darlehens von ihrer Bierbezugspflicht zu befreien, haben die Brauereien sich in den Verträgen selbst dagegen gesichert, daß durch eine alsbaldige Rückzahlung des Darlehens der mit dessen Hingabe erstrebte Zweck vereitelt wird. Es geschieht dies dadurch, daß ungeachtet der Bestimmungen über die Kündigung des Darlehens für die Dauer des Bierlieferungsvertrages eine bestimmte Zeit oder Mindestdauer festgesetzt wird und dabei ausdrücklich in den Vertrag aufgenommen wird, daß eine Rückzahlung des Darlehens vor Ablauf dieser Zeit eine Aufhebung des Bierlieferungsvertrages nicht herbeiführt.[2]) Wenn diese Bestimmungen getroffen sind, so steht es dem Wirt zwar frei, sein Darlehen entsprechend den dafür geltenden Sätzen zurückzuzahlen,

---

[1]) RG. bei Gruchot 53, 945, Brauer- und Hopfenzeitung 1903, 645, 1904 2809, 1906, 535, 1907, 1557 (wo nur auf gegenteilige Vertragsbedingungen hingewiesen wird) und Burmester, Brauer- und Hopfenzeitung 1908 S. 981, auch BayZfR. 1, 354 wo gesagt ist, daß die Aufhebung des Bierlieferungsvertrages dann eine Folge der Rückzahlung des Darlehens ist, wenn dies nach dem Willen der Parteien durch Auslegung des Vertrages angenommen werden kann. Dies wird aber immer der Fall sein, wenn keine anderweitigen Bestimmungen getroffen sind (ausdrücklich ist dies enthalten im Tatbestand RG. 64, 35).

[2]) RG. 63, 390 und 297 (JW. 1906 S. 419 [3]), JW. 1908 S. 325 [6], ObLG. II, 688 (gleichviel ob Schuld zur Heimzahlung gelangt oder nicht), V, 600, VI, 290, 650, XII, 842, ObLGRspr. 4, 205, Brauer- und Hopfenzeitung 1905, 482, 1907, 1753, aber auch Schulze S. 53, 55.

allein diese Rückzahlung bewirkt nicht die Beendigung des Bierlieferungsvertrages. Das gleiche gilt auch dann, wenn im Vertrag nicht ausdrücklich bemerkt ist, daß der Bierlieferungsvertrag auch nach Rückzahlung des Darlehens weiterbestehen soll, wenn aber eine Zeitdauer für den Bierlieferungsvertrag angesetzt wird, welche sich mit den Kündigungsbestimmungen oder der Vertragszeit für das Darlehen nicht deckt. Auch hier muß geschlossen werden, daß nach dem Willen der Parteien eine Rückzahlung des Darlehens während der Dauer des Bierlieferungsvertrages diesen nicht aufheben soll.[1]) Ob eine Ausnahme dann besteht, wenn der Wirt die vorzeitige (d. h. vor dem vertragsmäßigen Ende erfolgende) Rückzahlung des Darlehens vorbehaltslos angenommen hat,[2]) beantwortet sich nach der Lage des einzelnen Falles, wobei zu beachten ist, daß in der Entgegennahme des Darlehens, besonders nach ordnungsmäßiger Kündigung, nicht schon ohne weiteres die Zustimmung des Brauers zur Aufhebung des Bierlieferungsvertrages zu finden ist.

III. Rechtliche Zulässigkeit des Bierlieferungsvertrages.

§ 8. Bierlieferungsvertrag und Gewerbeordnung.

Der Abschluß des Bierlieferungsvertrages bringt für den Wirt meist eine mehr oder minder einschneidende Beschränkung seiner wirtschaftlichen Freiheit mit sich. Es ist daher besonders in jener Zeit, in der das Prinzip der Gewerbefreiheit noch in voller Geltung war, wiederholt die Frage aufgeworfen worden, ob derartige Beschränkungen des Gewerbebetriebes, wie sie langfristige Bezugsverträge im allgemeinen und die Bierlieferungsverträge im besonderen enthalten, nicht dem in § 1 der GewO. niedergelegten Grundsatz der Gewerbefreiheit widersprechen und daher nach § 134 BGB. nichtig sind. Einer ausführlichen Widerlegung dieser vereinzelt auch in der Rechtsprechung vertretenen Ansicht[3]) bedarf es wohl nicht.[4]) Das Prinzip der Gewerbefreiheit hat sein Gegengewicht in dem im BGB. herrschenden Prinzip der Vertragsfreiheit. Es ist daher jedermann unbenommen, sein durch § 1 Abs. 1 GewO. gewährleistetes Recht, nach seinem Belieben jedes Gewerbe zu betreiben, vertragsmäßig zu beschränken,[5]) und dies gilt erst recht von der vertragsmäßigen Beschränkung in der Ausübung des Gewerbebetriebes, um die es sich beim Bierlieferungsvertrage

---

[1]) BayZfR. I, 129 und 354, Brauer- und Hopfenzeitung 1905 S. 2935, 1905 S. 535, 1907 S. 1557, Biberfeld, Brauer- und Hopfenzeitung 1903 S. 645, Ueckermann S. 43, Schülein S. 49, Ehrenbacher S. 54.

[2]) So Brauer- und Hopfenzeitung Nr. 2809, Schülein a. a. O.

[3]) S. bei Schulze S. 13 Anm. 3.

[4]) Vgl. Pohl S. 57 ff.

[5]) Landmann § 1 S. 58.

handelt. Ob diese Beschränkung nicht im einzelnen Falle die Nichtigkeit des Vertrages bewirkt, weil sie die wirtschaftliche und persönliche Freiheit des Wirtes übermäßig beeinträchtigt (eine übermäßige Beschränkung des Brauers kommt wohl niemals in Frage), ist später zu erörtern.

Etwas eingehender ist darüber zu sprechen, inwieweit sich der Abschluß des Bierlieferungsvertrages mit den Bestimmungen der §§ 10 Abs. 1, 8 GewO. vereinigen läßt. Nach § 7 Ziff. 2 und 4 GewO. sind die ausschließlichen Gewerbeberechtigungen und die damit verbundenen Zwangs- und Bannrechte aufgehoben, insbesondere auch der Brauzwang, d. h. das mit dem Besitz einer Brauerei oder Brauereigerechtigkeit verbundene Recht, die Konsumenten zu zwingen, das Getränke ausschließlich von dem Berechtigten zu beziehen, soferne nicht diese Berechtigung auf einem Vertrag zwischen dem Berechtigten und dem Verpflichteten beruht. Diese Bestimmung ist bei Bierlieferungsverträgen keinesfalls einschlägig. In § 8 GewO. sind dann alle übrigen Zwangs- und Bannrechte für ablösbar erklärt, insbesondere in § 8 Abs. 1 Ziff. 2, das Recht, den Inhaber einer Schankstätte zu zwingen, daß er für seinen Wirtschaftsbetrieb das Getränke aus einer bestimmten Fabrikationsstätte entnehme. Auch dieses Recht ist ein Zwangsrecht, das nach § 10 Abs. 1 nicht mehr begründet werdet werden kann und ist nur deshalb besonders aufgeführt, weil hier die Ablösbarkeit gegen Ziff. 1 noch erweitert ist.[1]) Es gilt also auch für § 8 Abs. 1 Ziff. 2 die nach den Motiven aufgestellte allgemeine Voraussetzung, daß der Verpflichtete eine begrenzte Lebensdauer nicht haben darf, d. h. daß eine ganze Personenkategorie oder eine juristische Person als Verpflichteter in Frage kommen muß.[2]) Hieraus und aus dem Wortlaut des § 8 Abs. 1 Ziff. 2 ergibt sich bereits, wann ein Bierlieferungsvertrag gegen diese Bestimmungen verstößt und daher nach § 134 BGB. nichtig ist. Es ist dies dann der Fall, wenn durch den Vertrag nicht der abschließende Wirt persönlich, sondern, sei es unbegrenzt, sei es auch während einer bestimmten Zeitdauer,[3]) sämtliche Besitzer des Wirtschaftsanwesens als solche verpflichtet werden sollen, das Bier aus der Brauerei zu entnehmen.[4]) Von dem Verbot des § 8 Abs. 1 Ziff. 2, 10 S. 1 GewO. wird also nicht getroffen einmal die persönliche Verpflichtung des Wirtes, das Bier während einer mehr oder minder langen Zeit von seinem Vertragsgegner zu beziehen.[5]) ebensowenig aber die vertragliche oder nach Art. 13

[1]) RG. 59, 109.

[2]) Vgl. Landmann § 7 Anm. 1.

[3]) Landmann § 10 Anm. 4, Marck, BadRspr. 1907 S. 191, RG. 59, 109, WürttJ. 17, 190.

[4]) Staub, Erk. § 346[10], Oertmann, LPR. S. 195, Pohl S. 62, Ueckermann S. 54, RG. 59, 109, ObLG. a. F. 10, 185.

[5]) Landmann § 10 Anm. 4, Reger-Stöhsel § 10 Anm. 1, Schulze S. 15, Ehrenbacher S. 72, Recht 1906 Nr. 3234, Holdheim 1906 S. 337, ObLG. a. F. 14, 727.

Abs. 2 AG. BGB. dem Wirt gesetzlich auferlegte Verpflichtung, dafür einzustehen, daß auch der Rechtsnachfolger im Besitze der Wirtschaft in den Vertrag der Brauerei eintrete. Denn hier wird kein unmittelbarer Zwang gegen den jeweiligen Inhaber der Schankstätte, sondern nur ein solcher gegen den Vertragsschließenden begründet, während der Zwang gegen die Rechtsnachfolger immer wieder durch neue Verträge begründet werden muß.[1]) Ob im einzelnen Falle der Wille der Parteien dahin geht, nur eine persönliche Verpflichtung des Wirtes zu begründen, oder ob durch den Vertrag die Inhaber der Wirtschaft als solche unmittelbar gebunden werden sollen, ist Sache der Auslegung des einzelnen Vertrages. Allein da im allgemeinen davon ausgegangen werden muß, daß die Kontrahenten etwas rechtlich zulässiges vereinbaren wollen, so ist, wenn nicht besondere Gründe vorliegen, anzunehmen, daß die häufige Bestimmung der Bierlieferungsverträge, der Wirt übernehme die Bierbezugspflicht „für sich und seine Rechtsnachfolger", nur eine persönliche Verpflichtung des abschließenden Wirtes begründet dafür einzustehen, daß bei Veräußerung oder Verpachtung des Anwesens der neue Besitzer in den Bierlieferungsvertrag eintritt.[2]) Insbesondere gilt dies für das Gebiet des bayerischen Rechtes, wo eine derartige Verpflichtung auch ohne vertragliche Bestimmung besteht. Mancherseits wird angenommen, daß es für die Übernahme einer dinglichen Verpflichtung sprechen soll, wenn die Bierbezugspflicht auch für die Erben des Vertragsschließenden übernommen wird, also nicht auf dessen Lebensdauer beschränkt wird.[3]) Diese Ansicht kann nur insoweit gebilligt werden, als die Aufnahme einer zeitlichen Beschränkung der Bierbezugspflicht, insbesondere auf die Lebensdauer des abschließenden Wirtes, allerdings ein Zeichen dafür ist, daß nur eine persönliche Verpflichtung gewollt ist,[4]) und umgekehrt das Fehlen jeder zeitlichen Schranke auf einen dinglichen Charakter der Verpflichtung hinweist.[5]) Im übrigen haben wir aber bereits gesehen, daß auch der Erbe an sich in den Bierlieferungsvertrag eintritt und nur unter gewissen Bedingungen zur Weiterführung der Wirtschaft nicht verpflichtet ist.[6]) Nur wenn bei Abschluß des Bierlieferungsvertrages noch in weitergehendem Maße sämtlichen Inhabern der Wirtschaft eine Bierbezugspflicht auferlegt werden soll, kann also die ausdrückliche Ausdehnung dieser Pflicht auf die Erben auf den Willen der Parteien hindeuten, ein Zwangsrecht nach § 8 GewO. zu begründen. Das Oberste Landesgericht hat fer-

---

[1]) Henle Vorbem. Art. 13 S. 35, Schülein S. 16—17, RG. 63, 333, ObLG. VI, 407, Nürnberg, Recht 1911 Nr. 1655.
[2]) ObLG. II, 255, VI, 336, RG. 76, 78.
[3]) ObLG. a. F. 10, 185, WürttJ. 8, 30[3].
[4]) ObLG. a. F. XIV, 727, n. F. II, 255.
[5]) SeuffertsA. 55 Nr. 71, WürttJ. 15, 290.
[6]) S. oben § 3 Ziff. 2 am Ende, ObLG. VII, 71, dagegen WürttJ. 15, 290.

ner im Anschluß an das Oberlandesgericht Augsburg die Begründung eines Zwangsrechtes in einem Fall angenommen, wo sich der Kaufpreis für das Wirtschaftsanwesen um einen bestimmten Betrag erhöhen sollte, wenn der Wirt oder seine Rechtsnachfolger den vereinbarten Bierbezug einstellen.[1]) Es mag zugegeben werden, daß hier durch das Ausbedingen einer Art Vertragsstrafe indirekt auch eine Bierbezugspflicht des Wirtes und seiner Rechtsnachfolger begründet werden sollte. Aber gerade die von den Parteien gewählte Form einer Erhöhung des Bierpreises spricht dafür, daß zunächst nur der Wirt als Käufer zur Zahlung und zum Bierbezug verpflichtet werden sollte und daß ein etwaiger Rechtsnachfolger zur Zahlung des Kaufpreises nur dann herangezogen werden kann, wenn er in den Vertrag des Wirtes mit dem Brauer eintritt. (Vgl. § 415 BGB.)

Eine Nichtigkeit des Bierlieferungsvertrages wegen der Bestimmungen der Gewerbeordnung über Zwangs- und Bannrechte ist daher nur ausnahmsweise gegeben.

§ 9. Bierlieferungsvertrag und gute Sitten.

Zu denjenigen Fragen aus dem Rechte des Bierlieferungsvertrags, welche die Gerichte am meisten beschäftigen, gehört die, unter welchen Voraussetzungen der Bierlieferungsvertrag gegen die guten Sitten verstößt und daher nach § 138 BGB. nichtig ist. Dies ist durchaus begreiflich. Denn die Bierbezugspflicht bedeutet in vielen Fällen für den Wirt eine lästige Beschränkung seiner gewerblichen Freiheit. Sie hindert ihn in der freien Ausnützung der Konjunktur und führt ihn besonders dann, wenn die von der Brauerei gewährten Gegenleistungen für ihn nicht mehr den gleichen Wert haben wie bei Abschluß des Vertrages oder wenn er mit den Lieferungen der Brauerei nicht zufrieden ist, oder wenn er selbst auf Einhaltung seiner Vertragspflichten verklagt wird, dazu, die Rechtsgültigkeit des Vertrages anzugreifen.[2])

Ein Vertrag verstößt dann gegen die guten Sitten, wenn er dem jeweils herrschenden Volksbewußtsein, dem Anstandsgefühl aller gerecht und billig Denkenden widerspricht.[3]) Dabei ist aber nicht ausgeschlossen, daß auf die Sitten und Anschauungen des Volkskreises, wenn sich in ihr die herrschende Sitte ausdrückt, Rücksicht genommen wird.[4])

Von diesem Gesichtspunkt aus kann im vornherein soviel gesagt werden, daß der Bierlieferungsvertrag *an sich* jedenfalls gegen die guten Sitten *nicht* verstößt. Denn derartige Verträge

---

1) ObLG. XI, 1.

2) Vgl. *Schulze* S. 13.

3) *Staudinger* § 138, 2, RG. 48, 124, JW. 1909 S. 412 [7], LZ. 1911 S. 698.

4) RG. 48, 124.

werden täglich in großer Zahl abgeschlossen, sie entsprechen durchaus den Anschauungen der beteiligten Kreise wie des ganzen Volkes, und dienen in ihrer Gesamtheit den berechtigten wirtschaftlichen Interessen beider Parteien, indem sie der Brauerei für bestimmte Zeit einen Abnehmer sichern und ihr dadurch nicht nur die Möglichkeit geben, ihren Absatz zu erhalten und zu erweitern, sondern auch ihre Produktion nach dem zu erwartenden Absatz einzurichten, während sie auf der anderen Seite dem meist wirtschaftlich schwachen Wirt nicht nur den ordnungsmäßigen dauernden Bezug eines guten Bieres sichern, sondern ihn überhaupt erst in die Lage versetzen, einen Wirtschaftsbetrieb mit Hilfe der von der Brauerei gewährten Mittel zu führen und sich dadurch eine Existenz zu gründen und zu erhalten.[1]) Die gesetzliche Zulässigkeit der Bierlieferungsverträge wird auch nicht durch das in der Gewerbeordnung geltende Prinzip der Gewerbefreiheit in Frage gestellt. Denn sowenig § 1 GewO., wie oben bemerkt, ausschließt, daß sich der einzelne Gewerbetreibende vertragsmäßigen Beschränkungen in der Ausübung seines Gewerbebetriebes unterwirft, so wenig ist das Prinzip der Gewerbefreiheit nach dem herrschenden Volksbewußtsein ein derartig unantastbares, daß jede Verletzung desselben schon ohne weiteres den betreffenden Vertrag als unsittlich erscheinen läßt. Verträge welche den großen allgemeinen Freiheitsprinzipien des modernen öffentlichen Rechtes, also insbesondere der persönlichen Freiheit und der Gewerbefreiheit widersprechen, sind nicht schon dann nichtig, wenn die Freiheit in irgendeiner einzelnen Beziehung beschränkt wird, sondern nur dann, wenn das Maß oder die Dauer der Beschränkung so bedeutend ist, daß dadurch die Prinzipien selbst als aufgegeben erscheinen und die ganze oder doch die hauptsächliche geistige oder physische Arbeitskraft des einzelnen in ihrer Verwertbarkeit im wirtschaftlichen Leben gehemmt und dem egoistischen Interesse des Mitkontrahenten unterworfen wird.[2]) Da eine derartige weitgehende Beschränkung der wirtschaftlichen Freiheit des Wirtes durch den Abschluß der Bierlieferungsverträge im allgemeinen nicht herbeigeführt wird, so muß man dieselben ebenso wie die sonstigen Verträge, durch welche sich ein Teil verpflichtet, seinen Bedarf von einem bestimmten Produzenten zu beziehen, als grundsätzlich zulässig erachten.[3])

Ist die Zulässigkeit des Bierlieferungsvertrages an sich nicht zu bezweifeln, so erhebt sich die für die Praxis wichtigere Frage,

[1]) S. RG. 63, 390, JW. 1906, 413[8], Recht 1906 Nr. 8, DJZ. 1907 S. 1384, ObLGRspr. 4, 205, Brauer- und Hopfenzeitung 1905 S. 225, Schulze S. 14, Ueckermann S. 53.

[2]) S. Enneccerus Bd. 1 S. 472, Düringer-Hachenburg Bd. 2 Anm. 94 S. 67 und Anm. 102 S. 73.

[3]) Düringer-Hachenburg a. a. O., Kohler, ArchBürgR. 31, 327 ff., vgl. auch für bayerische Verhältnisse Henle Vorbem. vor Art. 13 Anm. 2 S. 35 wegen der Aufhebung des § 11 des Gesetzes vom 25. Mai 1846.

unter welchen Voraussetzungen der einzelne Bierlieferungsvertrag gegen die guten Sitten verstößt. Die Antwort darauf läßt sich natürlich nicht allgemein geben und es gilt hier fast noch mehr wie sonst der Satz, daß die Entscheidungen der Obergerichte nur mit großer Vorsicht verwertet werden können und vor jedem „Präjudizienkultus“ gewarnt werden muß. Denn diese Entscheidungen sind stets ergangen auf Grund ganz bestimmter einzelner Verträge, deren Tatbestand häufig nicht oder doch nur teilweise abgedruckt ist, und es sind oft nur geringe Abweichungen, welche eine völlig verschiedene Beurteilung scheinbar ganz ähnlicher Fälle bedingen. Dies ist meines Erachtens auch der Grund, warum von den zahlreichen Entscheidungen, welche die Gerichte über die Gültigkeit von Bierlieferungsverträgen zu fällen haben, nur verhältnismäßig wenige in den maßgebenden Sammlungen zum Abdruck gelangt sind. Gänzlich verfehlt ist es daher, wenn man wie Pohl[1]) aus verschiedenen Verträgen einen „Normalvertrag“ konstruiert und sich über dessen Gültigkeit verbreitet. Denn wenn auch die Brauereien bestrebt sind, ihre Bierlieferungsverträge nach gewissen Typen abzufassen, so ist doch jeder einzelne Vertrag nach Inhalt, Persönlichkeit der Vertragschließenden usw. durchaus anders gelagert und muß für sich betrachtet werden. Ebensowenig ist es zulässig, die allgemeine Gültigkeit derartiger Verträge daraus abzuleiten, daß etwa die Brauerei verpflichtet sei, gutes Bier zu angemessenem Preise zu liefern und daß der Wirt bei Verletzung dieser Verpflichtungen nicht an den Vertrag gebunden sei.[2]) Denn wenn es auch nach dem früher Ausgeführten richtig ist, daß die Brauerei gutes Bier zu liefern hat, daß sie nicht berechtigt ist, den Kaufpreis willkürlich zu erhöhen[3]) und daß der Wirt nach der herrschenden Rechtsprechung bei Verletzung dieser Pflichten durch den Brauer vom Vertrag zurücktreten kann, so fällt dies zwar für die Frage, ob der Vertrag im Einzelfalle eine übermäßige Bindung des Wirtes enthält, sicherlich mit in die Wagschale, es ist aber damit keineswegs ausgeschlossen, daß der Vertrag aus sonstigen Gründen gegen die guten Sitten verstößt, zumal die Anwendung der anderweitigen Rechtsbehelfe oft erheblich mehr Zeit und größeren Kostenaufwand erfordert.[4])

Verfehlt ist es auch, für die Frage der Gültigkeit des einzelnen Bierlieferungsvertrages nur den sogenannten reinen Bierlieferungsvertrag heranzuziehen.[5]) Denn einmal kommt dieser Vertrag, wie früher erwähnt, so gut wie nie in der Praxis vor,

---

[1]) S. 36, 37.

[2]) Pohl a. a. O., Brauer- und Hopfenzeituug 1905 S. 1734, BadRspr. 1911 S. 177.

[3]) S. auch SächsArch. 1910 S. 118, wo nur von einem unverhältnismäßigen Spielraum der Brauerei für die Preisgestaltung die Rede ist.

[4]) Vgl. RG. in ElsLothZschr. 1907 S. 332 (= Recht 1907 Nr. 981).

[5]) So Pohl S. 37.

außerdem aber zeigt sich gerade hier die Bedeutung der wirtschaftlichen und rechtlichen Einheitlichkeit des Gesamtvertrages, welche dahin führt, daß die Nichtigkeit des Bierlieferungsvertrages auch die Nichtigkeit der mit ihm verbundenen Verträge nach sich zieht. Dies hat zur Folge, daß die Gültigkeit des Bierlieferungsvertrages nicht aus diesem allein, sondern nur unter Berücksichtigung des gesamten Vertrages und aller in demselben übernommenen Leistungen und Gegenleistungen beurteilt werden kann.[1]) Dies ist in der Praxis als selbstverständlich anerkannt.

Läßt sich so die Gültigkeit des Bierlieferungsvertrages nur für jeden einzelnen Fall gesondert feststellen, so sind doch gewisse allgemeine Richtlinien zu erkennen, welche für die Beurteilung der einschlägigen Rechtsverhältnisse maßgebend sind. Zunächst ist vorauszuschicken, daß die Frage, ob ein Vertrag gegen die guten Sitten verstößt, sich auch für die Verträge, welche vor dem 1. Januar 1900 abgeschlossen worden sind, nach § 138 BGB. bemißt, da dieser Bestimmung öffentliches Interesse innewohnt.[2]) Weiterhin ist allgemein darauf hinzuweisen, daß für die Entscheidung nicht nur der gesamte Inhalt des Vertrages heranzuziehen ist, sondern daß die gesamten Verhältnisse der Vertragschließenden überhaupt, wie sie sich in dem Zeitpunkt des Vertragsschlusses darstellen, berücksichtigt werden müssen, ihre wirtschaftliche Lage, ihre beiderseitigen Bedürfnisse, die Zwecke welche sie mit dem Vertragsabschluß verfolgen, die Kreditwürdigkeit des Wirtes, die Sicherungen welche er dem Brauer zu bieten vermag, kurz alles, was für die Beurteilung der Sachlage dienlich sein kann.[3]) Diesem Satz widerspricht es beispielsweise, wenn Staub Verträge über zehn Jahre unter allen Umständen für ungültig erklärt,[4]) während es andererseits verständlich wird, wenn in einer vom Reichsgericht bestätigten Entscheidung des Oberlandesgerichtes Nürnberg[5]) entgegen der sonstigen Rechtsprechung ein für alle Zukunft abgeschlossener (aber nicht dinglicher) Vertrag für gültig erklärt wird, weil es sich um die Deckung des Bedarfs einer Fabrikkantine handelt, bei der der Fabrikherr als Abnehmer ausnahmsweise nicht als der wirtschaftlich schwächere Teil der Brauerei gegenübersteht.

Bei Prüfung der gesamten Verhältnisse des einzelnen Falles darf der Vertrag nach § 138 Abs. 1 BGB. nicht schon dann für nichtig erklärt werden, wenn derselbe für den Wirt eine erhebliche Beschränkung seiner wirtschaftlichen Freiheit und gewisse

---

[1]) Ueckermann S. 53.

[2]) Staudinger § 138, I, 10, JW. 1910 S. 62[5].

[3]) Düringer-Hachenburg Anm. 102, RGRKomm. § 138, 1 S. 127, Henle Vorbem. Art. 13 Abs. 2, RG. 63, 333, 336, 37, 390, 67, 101, JW. 1906, 419[8], 1910 S. 65[5], LZ. 1911 S. 698, 1912 S. 456.

[4]) Staub, Exk. § 346[10].

[5]) Brauer- und Hopfenzeitung 1911 S. 26.

wirtschaftliche Nachteile mit sich bringt, auch nicht schon dann, wenn der Vertrag eine unbillige Erschwerung des Fortkommens des Wirtes bewirkt, wie dies z. B. der Fall sein kann, wenn das Bier aus irgendeinem Grunde bei den Gästen der Wirtschaft nicht beliebt ist.[1]) Denn es ist in erster Linie Sache der Parteien, über ihre Rechte zu wachen und über ihre wirtschaftliche Freiheit zu verfügen; wenn die Parteien Verträge schließen, die ihnen neben Vorteilen auch Nachteile bringen, so kann es nicht Aufgabe der Gerichte sein, die Kontrahenten von der Einhaltung der Verträge zu entbinden, wenn sie dieselben als lästig empfinden. Es ist immer zu bedenken, daß die Brauereien die Bierlieferungsverträge durchaus nicht zu dem Zwecke schließen, um die Wirte zu unterdrücken, sondern um sich einen dauernden Abnehmer zu sichern, und daß sie selbst an dem wirtschaftlichen Gedeihen des Wirtes während der Dauer des Vertrages interessiert sind, da ja die Höhe ihres Absatzes davon abhängt. Ein Verstoß gegen die guten Sitten ist vielmehr erst dann anzunehmen, wenn die Beschränkungen der wirtschaftlichen und persönlichen Freiheit des Wirtes derart über das erträgliche Maß hinausgehen, daß seine Abhängigkeit dem gesunden Rechtsbewußtsein des Volkes widerspricht und als übermäßig bezeichnet werden muß.[2]) Es muß sich also wenn auch nicht direkt um Bedrohung der wirtschaftlichen Existenz[3]) so doch um eine wirklich drückende Härte der Vertragsbedingungen handeln, wenn der ganze Vertrag wegen Verstoß gegen die guten Sitten nichtig sein soll.[4])

Was die einzelnen Gründe anlangt, welche für die Gültigkeit oder Ungültigkeit der Verträge maßgebend sein können, so steht hier in erster Linie die Dauer der Verträge, da in ihr die Gebundenheit der Vertragschließenden, die mehr oder minder große Beschränkung ihrer Freiheit, zum sichtbarsten Ausdruck kommt. Infolge dieser großen Bedeutung der Vertragsdauer wird mancherseits sogar versucht, diese allein für die Gültigkeit des Vertrages entscheiden zu lassen und zeitliche Grenzen aufzustellen, bei deren Überschreitung eine Gültigkeit der Verträge im vornherein ausgeschlossen sein soll. So betont Kohler in seiner Studie „Bezugsvertrag und § 138 BGB."[5]) wiederholt, daß Bezugsverträge nur dann nicht gegen die guten Sitten verstoßen, wenn sie sich innerhalb bestimmter geringer Zeitschranken halten, wenn sie nur auf kurze Zeit geschlossen sind. Was unter dieser kurzen Zeit zu verstehen sei, sagt Kohler nicht, man kann aber der

---

[1]) Düringer-Hachenburg Anm. 94 S. 67.

[2]) Düringer-Hachenburg u. RGRKomm. a. a. O., JW. 1906, 419[8], 1909 S. 412[7], 1910 S. 62[5], LZ. 1911 S. 698, 1912 S. 456.

[3]) Brauer- und Hopfenzeitung 1907 S. 1557, BadRpr. 1911 S. 179.

[4]) S. auch Dernburg § 124, 4 S. 423 (übermäßige Beschränkung der wirtschaftlichen Freiheit).

[5]) ArchBürgR. Bd. 31, S. 237 ff.

Rechtsprechung entnehmen, daß jedenfalls Verträge, welche die Dauer von fünf Jahren nicht überschreiten, als kurzfristig zu gelten haben.[1]) Eine Frist von zehn Jahren wird schon als verhältnismäßig längere Zeit angesehen,[2]) und, wie schon erwähnt, von Staub[3]) als äußerste Grenze bezeichnet, welche noch als zulässig gelten kann. Andere gehen nicht so weit, erklären aber jedenfalls die Verträge für ungültig, bei denen eine zeitliche Beschränkung des Vertrages überhaupt nicht gegeben ist[4]) oder bei denen die Dauer des Vertrages über die Lebensdauer des vertragschließenden Wirtes hinaus erstreckt wird.[5])

Eine derartige Abstellung der Gültigkeit der Verträge auf die Dauer allein widerspricht dem bereits aufgestellten Grundsatz, daß bei Prüfung der Gültigkeit der Bierlieferungsverträge auf den ganzen Inhalt des Vertrages und auf die gesamten Verhältnisse Rücksicht genommen werden muß. Es ist kein Grund ersichtlich, warum nicht auch bezüglich der Dauer der Verträge geprüft werden soll, ob dieselbe in Verbindung mit den übrigen Umständen des Falles eine übermäßige Beschränkung des Wirtes darstellt.[6]) Nur soviel läßt sich allgemein zugeben, daß Verträge, welche auf unbeschränkte Dauer Geltung haben sollen, tatsächlich stets gegen die guten Sitten verstoßen, da sie auf jeden Fall eine übermäßige Bindung des einen Vertragsteiles mit sich bringen und außerdem der Bierbezugspflicht einen dinglichen Charakter geben, den sie schon nach §§ 8, 10 GewO. nicht haben darf. Allein bei Verträgen, welche eine Zeitangabe nicht enthalten, ist im Einzelfalle sorgfältig zu prüfen, ob nicht aus anderweitigen Umständen eine Begrenzung der Vertragszeit zu entnehmen ist. So kann z. B. nach bayerischem Recht nach Art. 13 Abs. 1 S. 3 AG. BGB. der Bierlieferungsvertrag, wenn die Dauer des Vertragsverhältnisses nicht bestimmt ist, von jedem Teil für den Schluß des Monats September jeden Jahres gekündigt werden. Auch wo diese gesetzliche Regel nicht gilt, kann unter Umständen ein Bierlieferungsvertrag, der keine Zeitdauer enthält, dahin ausgelegt werden, daß er als auf ein Sudjahr geschlossen gilt.[7]) Eine Vertragsdauer ist ferner auch dann bestimmt, wenn sie nicht nach einer kalendermäßigen Zeit bemessen ist, sondern durch den Eintritt eines künftigen Ereignisses begrenzt wird, das nach menschlichem Ermessen zu erwarten ist.[8]) So kann man insbesondere

---

[1]) Dresden, Wenglers Arch. X, 679 und ObLGRspr. 4, 205.

[2]) S. Recht 1907 Nr. 981.

[3]) Exk. § 346 [10].

[4]) Ueckermann S. 52, Oertmann, LPR. S. 195 (ganz unkündbar), Recht 1909 Nr. 2217, ObLG. a. F. XIV, 727, n. F. XI, 1, Neumann II, 1 S. 47 Nr. 6, B, a, WürttJ. 15, 290.

[5]) Schülein S. 14, Biberfeld, Brauer- und Hopfenzeitung 1904 S. 1847, WürttJ. 15, 290, s. auch Kohler S. 244.

[6]) BayZfR. 1, 129.

[7]) Staub § 346 [2], JW. 1899, 440 [20], Seuff.Arch. 55 Nr. 71.

[8]) Henle Art. 13 Abs. 4 b.

dann nicht von einer unbegrenzten Dauer eines Vertrages sprechen, wenn das Ende des Bierlieferungsvertrages abhängig ist von der Kündigung des gleichzeitig abgeschlossenen Darlehensvertrages oder davon, daß das dem Wirt mit Vertragsabschluß hingegebene Darlehen durch Gutschrift auf den Kaufpreis der Bierlieferungsverträge getilgt wird.[1]) In letzterem Falle läßt sich die Dauer des Bierlieferungsvertrages nach dem Bierbedarf des Wirtes schon im vornherein annähernd bestimmen und es läßt sich daher auch feststellen, ob die hiernach sich ergebende Dauer des Vertrages eine übermäßige ist.[2]) In allen diesen Fällen kann die Gültigkeit des Vertrages nur unter Heranziehung der Bestimmungen der mit dem Bierlieferungsvertrage verbundenen Verträge entschieden werden. Etwas anders liegt die Sache, wenn der Vertrag auf die Lebensdauer des Verpflichteten abgestellt wird. Eine derartige Bestimmung der Vertragsdauer wird zwar häufig nicht beanstandet,[3]) allein man wird doch sagen müssen, daß solche Verträge in der Regel gegen die guten Sitten verstoßen; denn sie binden nicht nur den Wirt auf die ganze Dauer seines Lebens an eine bestimmte Brauerei und erschweren es ihm unter Umständen in hohem Maße, durch Verkauf oder Aufgabe seiner Wirtschaft seine Existenz auf eine andere Grundlage zu stellen, sondern sie lassen vor allem auch die in dieser Bindung des Wirtes liegende Leistung in keiner Weise im vornherein erkennen, während die Brauerei nur zu einer genau bestimmten Gegenleistung sich verpflichtet.[4]) In dieser Bindung liegt daher in der Regel eine so einseitige Belastung des Wirtes, daß der Vertrag gegen die guten Sitten verstößt.[5]) Dies gilt dagegen nicht notwendig für einen Vertrag, der über die Lebensdauer des Wirtes hinaus abgeschlossen ist. Denn wenn ein derartiger Vertrag auf eine festbestimmte, vielleicht sogar verhältnismäßig kurze Zeit, abgeschlossen wird, so braucht die Klausel, daß der Vertrag über die Lebenszeit des Wirtes hinausgelten soll, nicht den Zweck zu haben, die Erben über ihre gesetzliche Pflichthaftung hinaus zu binden, was ja gegen §§ 8, 10 GewO. verstoßen würde, sondern kann auch den Sinn haben, festzustellen, daß die Bierbezugspflicht des Wirtes nach Ansicht der Parteien keine höchst persönliche Verpflichtung desselben darstellt und daher wie die sonstigen Verpflichtungen auf die Erben übergehen soll. Wenn dies die Brauerei im Vertrag klargelegt haben will, damit nicht

---

1) Staub, Exk. § 346 [10], Oertmann S. 195, ObLG. VII, 71, BadRpr. 1908 S. 89.

2) Düringer-Hachenburg Anm. 102 S. 73.

3) Ehrenbacher S. 72, Schulze S. 31, Schülein S. 13, WürttJ. 8, 303.

5) RG. in LZ. 1907 S. 432 spricht in anderem Zusammenhang aus, daß mangelnde Übersicht der Tragweite der Bindung den Vertrag nichtig machen.

6) Ähnlich BadRspr. 1911 S. 179, wo ein siebenundvierzigjähriger Mann einen Vertrag über mehr als 30 Jahre abgeschlossen hat.

bei dem innerhalb der Vertragszeit erfolgenden Tod des Wirtes die Gegenleistung für die Hingabe des Darlehens verloren geht, so liegt darin allein sicher kein Verstoß gegen die guten Sitten.[1])

Was die Dauer der Bierlieferungsverträge im einzelnen angeht, so wird die Annahme einer Grenze von fünf Jahren schon dadurch widerlegt, daß in der Praxis die meisten Verträge mit längerer Dauer abgeschlossen zu werden pflegen, ohne daß sie von den Gerichten beanstandet werden. Pohl[2]) nimmt als Normaldauer eines Bierlieferungsvertrages zehn Jahre an, was Staub schon als die äußerste Grenze bezeichnet. Ob dieser Durchschnittssatz richtig ist, kann dahingestellt bleiben. Der Verfasser konnte z. B. feststellen, daß von etwa 70 ihm vorliegenden Entscheidungen, aus denen die Dauer des Vertrages ersichtlich war, nur etwa zehn auf fünf Jahre und darunter geschlossen wurden, etwa 25 mit einer Dauer von zehn Jahren und weniger, etwa zehn mit einer Dauer von 10—15 Jahren und etwa 20 mit einer Dauer von über 20 Jahren, wobei aber zu berücksichtigen ist, daß Verträge mit längerer Dauer die Gerichte häufiger beschäftigen als kurzfristige Verträge. Von diesen Verträgen wurde von denen mit fünf Jahren und weniger nur einer, von denen zwischen fünf und zehn Jahren drei, von denen zwischen 10 und 15 Jahren ebenfalls drei und von denen über 15 Jahren fünf wegen langer Dauer mit Erfolg beanstandet; doch ist zu beachten, daß eine Anzahl gerade der längeren Verträge nur der Gebührenbewertung wegen den Gerichten vorlagen und daher die Frage der Nichtigkeit nicht aufgeworfen wurde. Immerhin ergibt sich aus dieser Zusammenstellung soviel, daß nicht nur Verträge mit einer Dauer von 10—15 Jahren im allgemeinen als gültig angesehen werden,[3]) sondern daß die Gerichte auch solche mit höherer Vertragszeit zulassen. So hat das bayerische Oberste Landesgericht einen 20jährigen Vertrag als gültig angesehen[4]) und zahlreiche Verträge von ähnlicher Dauer sind der Gebührenbewertung wegen vorgelegt worden, ohne daß die Parteien oder die Notare an ihrer Gültigkeit Zweifel gehabt hätten. Allerdings läßt sich nicht verkennen, daß die Rechtsprechung derartigen langfristigen Verträgen nicht gerade günstig ist[5]) und daß derartige Verträge ver-

---

[1]) Vgl. RG. 78, 385, wo in der über die Lebensdauer des Verpflichteten hinaus festgesetzten Dauer eines ähnlichen Vertrages an sich noch kein Nichtigkeitsgrund gefunden wurde, ferner Recht 1913 Nr. 808, wo ausgeführt ist, daß wegen der Bindung des Rechtsnachfolgers allein ein Vertrag nicht gegen die guten Sitten verstößt.

[2]) S. 38.

[3]) Dies gibt RG. 67, 101 unter Hinweis auf frühere Entscheidungen ausdrücklich zu, ferner auch RG. 76, 266, JW. 1908 S. 327[7], BadRpr. 1908 S. 285; s. auch RG. 78, 78 (15 Jahre), Recht 1907 Nr. 1781 mit Holdheim 1907 S. 169, Brauer- und Hopfenzeitung 1908 S. 1031.

[4]) ObLG. VI, 336 mit VII, 71.

[5]) Schulze S. 31.

hältnismäßig häufig wegen ihrer langen Dauer für nichtig erklärt werden.[1]) Dies ist durchaus erklärlich, denn wenn auch an sich die längere oder kürzere Dauer des Bierlieferungsvertrages denselben nicht gültig oder nichtig macht, so ergibt sich doch schon aus allgemeinen Erwägungen, daß harte vertragliche Bestimmungen umso empfindlicher werden, je länger die Vertragsdauer bemessen ist und daß selbst drückende Vertragsbestimmungen erträglich werden und daher den Bestand des Vertrages nicht gefährden, wenn dieselbe nur auf kurze Zeit übernommen werden.[2]) So wird von den Gerichten wiederholt die Bestimmung für bedenklich erklärt, daß der Wirt auch nach Rückzahlung des Darlehens noch eine bestimmte Zeit an den Bierlieferungsvertrag gebunden bleibt. Es wird aber eine Nichtigkeit des Vertrages in dem in Betracht kommenden Falle um dessentwillen nicht abgeleitet, weil der Vertrag nur auf die kurze Zeit von fünf Jahren abgeschlossen wurde.[3]) Andererseits wird von den Gerichten, wenn sie aus irgendwelchen Vertragsbestimmungen Bedenken gegen die Gültigkeit des Vertrages herleiten, immer wieder darauf hingewiesen, daß diese Bestimmungen dadurch für den Wirt unerträglich werden, daß der Vertrag auf lange oder verhältnismäßig lange Zeit eingegangen wurde.[4]) Je länger also der Vertrag dauern soll, um so sorgfältiger müssen die Parteien sich überlegen ob die einzelnen Bestimmungen auch einer Nachprüfung vom Standpunkt der guten Sitten standhalten. Ein weiterer Punkt, der für die Zulässigkeit der Vertragsdauer von erheblicher Bedeutung ist, ist das Maß der Gegenleistungen, welche dem Wirt für die Übernahme der Bierbezugspflicht gewährt werden. Es ist klar, daß das Gericht leichter geneigt sein wird langfristige Bierlieferungsverträge als den beiderseitigen Interessen entsprechend und für den Wirt nicht übermäßig hart anzusehen, je wertvoller die Leistungen sind, welche der Wirt für seine Bierbezugspflicht erhält.[5]) Dabei kommt es jedoch nicht auf die absolute Größe

---

[1]) RG. 76, 78, JW. 1909 S. 412[7], 1910 S. 62[5], Köln, Brauer- und Hopfenzeitung 1907 S. 2696, Karlsruhe, Brauer- und Hopfenzeitung 1911 S. 2276; auch Verträge, welche mit der Erledigung anderweitiger Verbindlichkeiten des Wirtes enden, können bei Mittellosigkeit des Wirtes auf sehr lange Zeit geschlossen sein, BadRpr. 1908 S. 89.

[2]) Düringer-Hachenburg Anm. 102 S. 73, BadRpr. 1908 S. 89.

[3]) RG. 63, 390, ObLGRspr. 4, 205, Brauer- und Hopfenzeitung 1905 S. 828, auch Staub, Exk. § 346[10].

[4]) JW. 1909 S. 412[7], Recht 1907 Nr. 981, Holdheim 1907 S. 169.

[5]) S. Marck, BadRpr. 1907 S. 191, Schulze S. 15, 31, Schülein S. 14, RG. S. 67, 101, Neumann II, 1 S. 47 Nr. 6, F, a (wo die Gegenleistung nur in dem Nachweis einer Gastwirtschaft bestand), BadRpr. 1911 S. 179 (wo bei einem 30jährigen Vertrag die Gegenleistung nur in einem Rangrücktritt der Hypothek des Brauers bestand), dagegen aber auch BadRpr. 1911 S. 177, wo bei einem 10jährigen Vertrag die Unterstützung des Wirtes in der Erlangung der Konzession für die Wirtschaft als genügende Gegenleistung des Brauers angesehen wurde.

der dem Wirt gewährten Vorteile an. Denn beim Verkauf wertvoller Anwesen wird der Verkäufer auf jeden Fall mehr Gewicht auf die wirtschaftliche Persönlichkeit des Käufers, wie auf den Abschluß des Bierlieferungsvertrages legen und große Darlehen wird der Brauer auch um des Bierlieferungsvertrages willen nicht ohne ausreichende Sicherheit hergeben. Entscheidend ist vielmehr in welchem Verhältnis die gewährten Vorteile zu dem Wert des Bierlieferungsvertrages, also insbesondere zu dem zu erwartenden Bierabsatz stehen, welche Sicherheit der Wirt zu geben vermag, zu welchen Bedingungen er sich anderweitig Kredit verschaffen könnte,[1]) um wieviel billiger er das Wirtschaftsanwesen erworben hat und ähnliche Erwägungen, die in jedem einzelnen Falle von den Verhältnissen der Vertragschließenden auszugehen haben. Einzelfälle anzuführen ist nicht zweckmäßig, da diese nur geeignet sind, die Tatsache zu verdunkeln, daß in allen Fällen das Gericht nur nach Lage der besonderen, ihm gerade vorliegenden Sachlage sein Urteil gefällt hat. Zu bemerken ist nur noch, daß bei verhältnismäßig geringer Gegenleistung zunächst nur § 138 Abs. 1 BGB. in Frage kommt, nicht aber § 138 Abs. 2. Zu der Anwendung letzterer Bestimmung über Wucher bedarf es vielmehr sämtlicher dort vorgeschriebener Merkmale, also insbesondere der Ausbeutung der Notlage, des Leichtsinns oder der Unerfahrenheit und des auffälligen Mißverhältnisses zwischen Leistung und Gegenleistung nach den näheren Angaben dieser Vorschrift.[2])

Von anderen Vertragsbestimmungen, welche in Verbindung mit der langen Dauer die Gültigkeit des Vertrages in Frage stellen, sind noch hervorzuheben das Ausbedingen unverhältnismäßig hoher Vertragsstrafen,[3]) sofortige Rückzahlung des Darlehens bei Verletzung des Bierlieferungsvertrages auch neben der Vertragsstrafe,[4]) Verrechnung des Bierpreisaufschlages auf andere Forderungen als auf das Darlehen,[5]) örtliche Unbeschränktheit der Bierbezugspflicht,[6]) sowie mancherlei andere Bestimmungen.[7]) Häufig liegt dabei der Fall so, daß zwar die einzelnen beanstandeten Bestimmungen nicht hinreichen würden die Gültigkeit des Vertrages zu erschüttern, daß dies aber dadurch eintritt, daß die Brauerei sich nicht mit einzelnen dieser Bestimmungen begnügt,

---

[1]) S. insbesondere OLGRspr. 4, 205.

[2]) Staub, Exk. § 346 [10] a. E., RG. 64, 181, ObLGRspr. 4, 205, BadRpr. 1911 S. 177.

[3]) Endemann S. 603 Ziff. 4, Brauer- und Hopfenzeitung 1905 S. 1238 (nur 5 *M* pro hl!), 1907 S. 2696 (1000 *M* ohne Rücksicht darauf, wann der Vertrag verletzt wird), dagegen Ehrenbacher S. 73.

[4]) Holdheim 1907 S. 169.

[5]) Düringer-Hachenburg Anm. 102 S. 73.

[6]) Recht 1909 Nr. 2217 (hier liegt übrigens kein echter Bierlieferungsvertrag vor).

[7]) Dagegen kann die von Schülein erwähnte Klausel, die Lieferung mangelhaften Bieres berechtigt den Wirt nicht zum Rücktritt, nicht hierher gerechnet werden, da diese Klausel an sich nichtig ist.

sondern in dem Bestreben, sich gegen jede mögliche Schädigung zu decken und ihre Lage so günstig wie möglich zu gestalten, dem Vertrag eine solche Gestalt gegeben hat, daß er schließlich nur Rechte und Zwangsmaßregeln des Brauers enthält, während der Wirt lediglich auf seine gesetzlichen Rechte angewiesen ist. Ein charakteristisches Beispiel bietet das Urteil des Reichsgerichtes vom 4. Juni 1907,[1]) wo ein nur auf 12 Jahre berechneter Vertrag für ungültig erklärt wurde, weil die Brauerei eine Reihe an sich zulässiger Zwangsmittel, wie sofortige Rückzahlung des Darlehens bei Vertragsverletzung, bei Verkauf der Wirtschaft, bei unpünktlicher Zinszahlung, ferner hohe Vertragsstrafe, gehäuft hatten, während dem Wirt gegenüber Verfehlungen der Brauerei keinerlei besondere Zwangsmittel gegeben waren. Eine ähnliche Entscheidung hat das Oberlandesgericht Karlsruhe erlassen,[2]) in welcher der Wirt außerdem noch verpflichtet war, sich ausschließlich seiner Wirtschaft zu widmen, was in dem kleinen Ort, in dem sich diese befand, als besondere Härte erachtet wurde. Ob diese Entscheidungen zu billigen sind, läßt sich ohne genaue Kenntnis der Sachlage nicht entscheiden. Immerhin können sie den Brauereien zur Warnung dienen, den Bogen nicht zu überspannen und nicht in dem Bestreben, sich gegen jede mögliche unliebsame Ueberraschung sicherzustellen, allzuviele Sicherheitsmaßnahmen und Vorteile in dem Vertrag zu häufen.[3]) Doch soll zugestanden werden, daß das erhebliche Risiko, das die Brauerei häufig mit der Gewährung des Kredits läuft, in gewissen Grenzen auch einer Häufung von Sicherheiten rechtfertigt.[4])

Wenn der Vertrag wegen zu langer Dauer nichtig ist, so kann er nicht nach §§ 139, 140 BGB. dadurch gültig werden, daß an die Stelle der übermäßig langen Vertragsdauer eine angemessene Vertragsdauer eingesetzt wird. Denn ein Vertrag mit kürzerer Dauer ist nicht ein minus, sondern ein aliud gegenüber dem Vertrag mit längerer Dauer, § 139 berechtigt den Richter nicht, an Stelle eines nichtigen Vertrages etwas zu setzen, was die Parteien nicht vereinbart haben.[5])

Unabhängig von der Dauer der Verträge ist eine Nichtigkeit des Vertrages dann anzunehmen, wenn nach dem Inhalt desselben die Grundlage des Geschäftes einzig und allein von der W i l l k ü r d e s e i n e n T e i l e s, hier also von der des Brauers, abhängig ist, so daß die Leistungen des einen Teiles oder die Gegenleistungen des anderen dem freien Belieben der Brauerei unterliegen.[6])

---

[1]) Recht 1907 Nr. 1781, ausführlich abgedruckt Holdheim 1907 S. 169.
[2]) BadRpr. 1908 S. 89.
[3]) Man vgl. die Vertragsformulare bei S c h u l z e - B e s s e und bei B u r m e s t e r, Brauer- und Hopfenzeitung 1908 S. 981.
[4]) S t a u b, Erk. § 346 [10].
[5]) RG. 76, 78, JW. 1910 S. 62 [5], 1911 S. 534 [4].
[6]) K o h l e r a. a. O. insbesondere S. 244.

Als eine solche Auslieferung des Wirtes an die Willkür des Brauers wird es angesehen, wenn sich dieser in dem Vertrag die Befugnis vorbehält, frei zu bestimmen, aus welcher Brauerei die Lieferung des Bieres erfolgen soll. Denn gerade darin, daß der Wirt bei Abschluß des Bierlieferungsvertrages die Leistungsfähigkeit der Brauerei kennt, mit der er in Beziehungen tritt, liegt eine der Hauptgründe dafür, daß der Vertrag auch seinem Interesse dient, während er andernfalls nicht in der Lage ist, die Tragweite der eingegangenen Verpflichtungen zu übersehen.[1]) Ebenso würde der Vertrag dann nichtig sein, wenn es der Brauerei völlig freistünde, dem Wirt den Preis des Bieres zu diktieren. In dieser Richtung haben wir aber gesehen, daß mangels ausdrücklicher Abmachung der ortsübliche Preis als bedungen gilt und daß der Wirt gegen nicht vorhergesehene Bierpreiserhöhung während der Vertragsdauer ausreichend geschützt ist.

Zum Schluß noch ein Wort über die Gültigkeit der sogenannten Kastellanverträge. Darunter versteht man Verträge zwischen einer Brauerei und einem Wirt, wonach die Brauerei als Eigentümerin einer Wirtschaft diese in Verbindung mit einem Bierlieferungsvertrag durch einen Wirt auf dessen Rechnung und Verantwortung betreiben läßt, während die Konzession für den Wirtschaftsbetrieb nicht der Wirt, sondern die Brauerei haben soll.[2]) Derartige Verträge mögen einem praktischen Bedürfnis entsprechen und üblich sein.[3]) Sie widersprechen jedoch den Bestimmungen der §§ 33, 47 GewO., da ein Wirt, der auf eigene Rechnung die Wirtschaft betreibt, niemals als Stellvertreter nach § 47 GewO. in Betracht kommen kann.[4]) Der Wirt bedarf sohin neben oder statt der Brauerei einer eigenen Konzession,[5]) und Verträge, welche unter Außerachtlassung dieser Bestimmungen in der Voraussetzung geschlossen werden, daß der Wirt um keine Konzession nachsuchen soll, machen nicht nur den Wirt nach §§ 33, 147 Abs. 1 Ziff. 1 GewO. strafbar, sondern sind auch dann, wenn sie nicht ausdrücklich zur Umgehung des Gesetzes und zur Täuschung der Behörden geschlossen sind, nach § 134 BGB. nichtig und verstoßen gegen die guten Sitten.[6])

---

[1]) RG. in LZ. 1907 S. 432 (Recht 1907 Nr. 981), BadRpr. 1908 S. 89, ElsLothZ. 1909 S. 312, Düringer-Hachenburg a. a. O. s. d. Über die Zulässigkeit einer Bestimmung, daß das Bier von einer dritten im voraus bezeichneten Brauerei zu beziehen ist, s. ObLG. II, 373, s. auch oben S. 9 und 10.

[2]) Vgl. Schulze S. 67.

[3]) RG. in JW. 1905 S. 742[8].

[4]) Reger-Stöhsel § 45 Anm. 2.

[5]) Reger-Stöhsel a. a. O.

[6]) Landmann § 33, 5, b S. 311 und die dort angeführte Rechtsprechung, Türcke, DJZ. 1906 S. 815 und RG. in JW. 1908 S. 139[9].